企业公民与包容式增长

《21世纪经济报道》著

南方日报出版社
NANFANG DAILY PRESS
中国·广州

图书在版编目（CIP）数据

企业公民与包容式增长/《21世纪经济报道》著. — 广州 ：南方日报出版社，2013.12
ISBN 978-7-5491-0987-6

Ⅰ. ①企… Ⅱ. ①2… Ⅲ. ①企业－社会功能－研究报告－中国－2013 ②企业经济－经济增长－研究报告－中国－2013 Ⅳ. ①F279.2

中国版本图书馆CIP数据核字(2013)第270543号

企业公民与包容式增长 《21世纪经济报道》 著

出版发行：南方日报出版社
地　　址：广州市广州大道中289号
电　　话：（020）83000502
经　　销：全国新华书店
印　　刷：广州市怡升印刷有限公司
开　　本：787 mm×1092 mm 1/16
印　　张：12.5
字　　数：195千字
版　　次：2013年12月第1版
印　　次：2013年12月第1次印刷
定　　价：38.00元

投稿热线：（020）83000503 读者热线：（020）83000502

网址：http://www.nfdailypress.com/

目 录

企业公民新思维

“企业公民”概念引入中国，已经有十个年头了。这个概念之所以在中国商业世界得以迅速传播，首先是因为这十年里中国经济和社会发生了重大的趋势性变化。

这是中国经济快速增长的十年，也是中国经济谋求增长方式转变的十年。经济的单一增长不仅带来了一系列社会性的“副作用”，而且经济增长本身也遭遇到越来越明显的瓶颈。可持续（经济、社会、环境的可持续）成为在考量发展问题时绕不开的前提。当中国人不再像以前那样深受贫困之苦时，新的困扰接连出现了。当我们不再为没有东西吃（饥饿）而痛苦时，我们发现我们开始困扰于敢不敢吃（食品安全）、敢不敢喝（有毒的水）、敢不敢呼吸（有毒的空气）的问题。当与生理需求相关的绝对贫困感在逐渐消失时，与安全感、权利感相关的相对贫困感又油然而生。换言之，当“寡”不再是大患时，“不均”越来越成为大患。当我们在不顾一切地追求金山银山，在贫困年代“枉自多”的绿水青山也随着贫困一同消失的时候，我们才意识到我们付出的代价过于沉重了。

改革开放30多年让我们见证了“公司的力量”。作为“第二部门”，作为“社会的器官”，公司创造了巨量的物质财富，这是单凭“第一部门”（政府）的力量所无法实现的。与此同时，我们也见证到了另一面——自然环境的恶化；损害消费者利益甚至危害消费者生命安全的产品频频曝光；不少公司员工不仅遭受巨大的身心压力，而且基本权益时不时受到损害；股市成为股东（尤其是小股东）的伤心之地；一些公司没有融入所在的社区，有时甚至爆发激烈的冲突。简言之，公司在创造财富和价值的同时，也可能对社会和自然环境造成“负价值”，在一定程度上成为危害社会有机体的破坏性力量。

企业是社会的器官，它对社会整体的健康负有责任，它必须与它的各个利益相关方形成共生性的、良性互动的关系。否则，企业就会陷入到与利益相关方的恶性冲突中，不仅社会有机体受到伤害，企业作为“器官”，也会在与利益相关方的交恶中遭受“十面埋伏”，经营将面临巨大的阻碍，甚至难以为继。

能够与利益相关方形成共生性、良性互动的关系，实现社会发展与企业经营双重可持续性的公司，我们称之为“企业公民”。优秀的企业，就是卓有成效地维护、优化自身的商业生态和社会生态的企业。企业公民实践，常常表现出“利他”的色彩，但在本质上是一种“利己”的行为。

30多年的经济高速成长已经将单一增长的不自洽性、不可持续性突显出来。无论是政府还是民间，都越来越意识到了包容式增长的重要性。包容式增长是排他性增长、单一性增长的反面。追求单一目标、对其他因素无所顾忌的增长，具有一种自我消解的力量，它会让我们在不知不觉中失去正在接近的目标，会让已经取得的阶段性的成果得而复失。

包容式增长的背后，是一种生态主义的世界观和方法论。这种世界观和方法论承认：成长是由多个变量共同决定的，而多个变量之间是相互制约的，与当前目标看似不相关甚至负相关的某个因素的缺失，会导致整体性逆转，甚至整体性崩溃。《经济学人》杂志曾以“Economy Begins with Eco”（经济始于生态）为题作为封面文章，强调经济（Economy）一词的本义是Eco（“整体盘算”“通盘考量”），经济学（Economics）与生态学（Ecology）是相通的，而“可持续”是这两个学科共同关心的基本主题。公司既是一个经济主体，更是一个社会生态主体。

21世纪传媒将“企业公民”概念引入中国不久，即把企业公民界定为“蜜蜂型企业”。蜜蜂型企业有两层含意。第一，就像蜜蜂采花蜜（自身利益诉求）的过程同时也是给植物传授花粉（利他诉求）的过程，企业公民就是在创造私人财富的同时创造公共财富的企业，将权利与义务、责任与商机化为一体的企业。第二，正如蜜蜂是处于六边形的蜂巢中，企业的生存与发展，就是善待六个利益相关方并平衡它们利益，从而获得利益相关方的支持和滋养的过程。单纯追求股东价值最大化（甚至大股东利益最大化），只会或迟或早地让企业处于其他利益相关方围攻的境地。

十年前，我们这样说，会让人觉得是危言耸听。但今天已有大量案例表明，掠夺式增长的蝗虫型企业即使没有马上倒掉，其成长方式也遭遇到巨大的挑战。一个生命体无论如何强大，如果外在气候、生态发生巨变，都有可能像恐龙那样灭绝。

这十年来，有一种力量快速崛起，日益明显地改变着社会生态和商业生态。这就是网络社会在中国的兴起。

互联网最初只是一种技术和产业力量，随着它的应用在这十年间越来越普及，它在不知不觉中导致了“权力的转移”。在网络社会中，信息主权越来越从正式的机构和组织转向个人和民众。网络让企业进入一个“无密可保”的信息透明化时代。企业与利益相关方之间的信息日趋对称。利益相关方获取信息、表达意愿和意见的能力不断提高，形成了一种强制性力量，一种对企业实施非正式的监管、在必要的时候实施制裁的力量。在信息不透明、不对称的情况下，企业享有信息垄断的红利，但在人人都可能是媒体的时代，这种红利趋于消失。知情权不再依赖于企业主动披露信息的“善良意志”，它不再仅仅是利益相关方的“权利”，而且是他们的“权力”。一句话，在信息透明化时代，商业伦理的重心正在从自律转向他律。在信息不透明时代，做一个好人，做一个好企业，是出于“慎独”和“良知”，但在不透明导致违规和作恶成本极低的情况下，企业很难抵抗住利益的诱惑，而不去损害利益相关方。透明化的威慑力是最好的“防腐剂”，它能成效显著地扼制“利益最大化”的贪婪。彼得·圣吉说，一个企业常常同时有两种理论，一种是“它所声称的理论”，一种是“它所使用的理论”，而这两种理论常常是不一致和相抵触的。在透明化时代，做一个负责任的、不通过作恶也能获得丰厚经济回报的企业，不再是一种企业“所声称的理论”，而是一种企业不得不选择的“所使用的理论”，不再是一种公关手段，而是一种实实在在的战略。越早意识到这一点的企业，越能在未来的竞争中赢得优先性和主动性。越来越多的企业会意识到，“做企业就是做企业公民”不是浮夸的言辞，而是一种战略思维和商业智慧。

吴伯凡

（《21世纪商业评论》发行人、21世纪企业公民研究中心主任）

第一章

包容性增长语境下企业利益相关者的共生之道

第一节 包容性增长

一、包容性增长的提出

包容性增长这一理论的提出涉及到国际、国内两个层面，国际层面的包容性增长的提出和传播与亚洲开发银行密不可分，国内层面对包容性增长的关注与胡锦涛同志的几次重要讲话以及此后的多边国际会议的讨论密不可分。

（一）包容性增长在国际上的提出

亚洲开发银行成立于1966年，是亚太地区发展融资的主要来源，长期致力于帮助亚太地区脱离贫困。46年来，亚太地区经济以飞快的速度增长，据世界银行《2005年全球监测报告》[1]披露，在19世纪80年代和90年代，东亚人均实际GDP增速每年超过6%，南亚增长速度超过3%；亚洲金融危机爆发后，亚太地区GDP增长再次加速，从1996年到2006年，每年平均增长速度达6%[2]。经济的增长是解决贫困问题的必要条件，Kraay（2004）就在一个跨国研究中指出，“在短期内，平均收入的增加解释了贫困减少（用人数比率测量）70%的变化；在长期内，解释了贫困减少将近97%的变化”[3]。基于经济的增长与减缓贫困之间的这种关系，亚洲经济的高速增长显著地降低了亚洲国家的贫困

---

[1] Word Bank. Global Monitoring Report. Washington, D.C., 2005.

[2] Asian Development Bank. Strategy 2020: The Long-Term Strategic Framework of the Asian Development Bank 2008-2020. 2008.

[3] Kraay, A. When Is Growth Pro-Poor? Cross-Country Evidence. IMF Working Paper, 2004, International Monetary Fund, Washington, D.C., 2004.

人口数量以及贫困发生率，使得亚太地区在减贫方面取得巨大的进步。由亚行、联合国亚太地区经济社会委员会（ESCAP）和联合国开发计划署（UNDP）共同发布的对千年发展目标区域进展情况的最新评估《促进均衡实现千年发展目标：缩小亚太地区在卫生健康与营养方面的差距》称，“亚太地区已经完成了贫困发生率减半的千年发展目标，在1990到2009年间，日均生活费低于1.25美元人口的比例已从50%降到了22%”[1]。不过，“尽管该地区取得了许多成功，但是它依然拥有世界上2/3的贫困人口：18亿人每天的生活费用不足2美元，9.03亿人每天在1.25美元以下挣扎”[2]。亚太地区减贫取得的巨大成就使得亚行减贫的基本环境发生变化，亚太地区依然严峻的贫困状况促使亚行探索新的扶贫理念和路径。据亚行《战略2020：亚洲开发银行长期战略框架2008—2020》预测，“到2020年，该地区将占到世界贸易量的1/3；占据全球名义GDP的份额将翻番，或者从购买力平价角度来衡量占据45%”[3]，届时，亚行在亚洲的减贫格局中的作用将发生进一步变化。

时异则事异，事异则形变，形变则法不同。面对亚洲地区整体快速增长的经济形势、急剧进步的社会局面以及得到显著缓解但依然严峻的贫困状况，以减缓亚洲地区贫困为己任的亚洲开发银行必然需要作出相应的转型和调整。为给亚行未来应当扮演何种角色提供建议，作为亚行转型和调整过程中的一项重要事件，2006年6月，由六名外部专家组成的名人小组成立，旨在研究该地区已经发生的变化，并分析未来发展的主要驱动力量。2007年该名人小组发布《新亚洲、新的亚洲开发银行》[4]的研究报告，报告认为亚行“做出彻底的改变并采取开发银行新的范式，这种范式使其对现在和2020年该地区演进的需

---

[1]亚洲开发银行.亚行—联合国研究报告称：亚太地区减贫工作取得巨大进步，但降低饥饿率和儿童与孕产妇死亡率工作进展缓慢[EB/OL]. http://www.adb.org/news/asia-pacific-gaining-against-poverty-slow-reduce-hunger-child-and-maternal-deaths-adb-un-study-cn, 2012-02-17/2012-06-24.

[2]UN ESCAP, ADB, UNDP. Accelerating Equitable Achievement of the MDGs: Closing Gaps in Health and Nutrition Outcomes [R]. http://www.adb.org/sites/default/files/equitable-achievement-mdgs.pdf.

[3]Asian Development Bank. Strategy 2020: The Long-Term Strategic Framework of the Asian Development Bank 2008-2020. 2008.

[4]Asian Development Bank. Toward a New Asian Development Bank in a New Asia [R]. 2007, P1.

求做出反应”。作为这种建议的具体体现，报告提出三种战略方向的转型，其中之一为“从与广泛的贫困作斗争转变为支持更高和更为包容性的增长”，至此，“包容性增长”（Inclusive Growth）作为一个新的术语正式提出。

（二）包容性增长在国内的提出

在中国，包容性增长不断引起人民的重视起源于胡锦涛同志在相对较短的时间内的三次重要讲话。第一次为2009年11月在亚太经合组织第十七次领导人非正式会议上的讲话——“合力应对挑战，推动持续发展”[1]。在讲话中，面对国际金融危机的深层次影响以及多哈回合谈判进程艰难曲折的状况对亚太和世界经济全面复苏和长远发展带来的严峻挑战，时任主席胡锦涛提出“统筹兼顾，倡导包容性增长”的主张，以便“解决经济发展过程中出现的社会问题”以及“为推进贸易和投资自由化、实现经济长远发展奠定坚实社会基础”。第二次为2010年9月在第五届亚太经合组织人力资源开发部长级会议上的致辞——“深化交流合作，实现包容性增长”[2]。他指出，实现包容性增长的“根本目的是让经济全球化和经济发展成果惠及所有国家和地区、惠及所有人群，在可持续发展中实现经济社会协调发展”；并认为为了实现此包容性增长我们应该“坚持发展经济，着力转变经济发展方式”，“坚持社会公平正义，着力促进人人平等获得发展机会”，“坚持以人为本，着力保障和改善民生”。两个月后，在日本横滨举行的第十八次领导人非正式会议上，胡锦涛发表“深化互利合作，实现共同发展”的讲话，再次提出“倡导包容性增长，增强经济发展内生动力”的主张。此后，我国社会各界不断对包容性增长的起源、内涵、理论演进、实施路径与科学发展观以及和谐社会的关系等多个方面进行了探索，并在各种国际多边场合进行有益讨论和交流，以期达成最大的共识并传播各自的经验。比如，2011年4月，“博鳌亚洲论坛2011年年会”在海南博鳌如期举行，年会以“包容性发展——共同议程与全新挑战”作为年会的主题。

[1]胡锦涛．合力应对挑战，推动持续发展[N]．工人日报，2009-11-16（01）．

[2]胡锦涛．深化交流合作实现包容性增长[EB/OL]．http://www.china.com.cn/policy/txt/2010-10/13/content_21116459.htm，2010-09-16/2012-06-23．

二、包容性增长的渊源

（一）包容性增长的国际渊源

2007年，名人小组在《新亚洲、新的亚洲开发银行》中首次提出“包容性增长”的新术语，认为亚行要想“在快速变革的亚洲实现自己的新角色”，其关注的重点需要“从与广泛的贫困作斗争转变为支持更高和更为包容性的增长”。其实，亚行对包容性增长理念的关注早已有之，并将项目是否能够有利于当地的包容性增长作为开展亚太地区发展融资过程中的重要考量因素。

亚行包容性增长的理念最早可以追溯到该组织1965年的宪章，据Ganesh Rauniyar和Ravi Kanbur（2009）发布的研究报告《包容性增长与包容性发展：亚洲开发银行文献的一个回顾与综合》[1]介绍，“亚洲开发银行宪章（ADB1965）授权亚行为‘地区的和谐增长’作出贡献，尽管没有在宪章中明确提出这一术语，亚行已经一贯地将包容性增长作为其公司政策和战略的一部分。”此后，1999年亚行的“贫困减少战略（PRS）”、2001年的“长期战略框架”和“中期战略I”、2006年的“中期战略II”以及2008年“长期战略框架2008—2020”均不同程度地涉及包容性增长。具体来看，“1999年，亚行将减少贫困作为主要目标，并且发布了贫困减少战略（PRS）以实现此目标；该战略依靠三个相互加强的支柱，即益贫式可持续经济增长、包容性社会发展和善治”[2]，包容性社会发展和益贫式可持续经济增长成为“贫困减少战略”的重要支柱；“贫困减少战略”认为“只有当伴随着综合性的社会发展计划，经济的增长才能有效地减少贫困”[3]。2001年的“长期战略框架”将“可持续经济增长、包容性社会发展和为了有效政策和制度的治理作为亚行的三个核心战略”[4]，长期发展战略认为“增长必须伴随着社会发展

[1] Ganesh Rauniyar, RaviKanbur. Inclusive Growth and Inclusive Development: A Review and Synthesis of Asian Development Bank Literature [R]. 2009.

[2] Asian Development Bank. Strategy [EB/OL]. http: //www.adb. org/themes/poverty/strategy, 2011-12-11/2012-06-24.

[3] Ganesh Rauniyar, RaviKanbur. Inclusive Growth and Inclusive Development: A Review and Synthesis of Asian Development Bank Literature [R] . 2009.

[4] Asian Development Bank. Moving the Poverty Reduction Agenda Forward in Asia and the Pacific: The Long-Term Strategic Framework of the Asian Development Bank(2001-2015) [R]. 2001, Manila.

综合计划，这些计划把人放在第一位，并且使社会上弱势群体能够获得机会和资产”[1]；长期发展战略展望通过三个中期战略来具体实施，每个中期战略持续五年，2001年开始实施的“中期战略I”覆盖了2001—2005年的五年，2006年开始实施的“中期战略II”覆盖了2006—2008的三年。面对急剧变化的亚洲经济社会形势和减缓贫困情况，2008年亚洲开发银行制订新的战略——“亚洲开发银行长期战略框架：2008—2020”，取代2002年制订的“长期战略框架”即《战略2020》[2]，成为亚行今后行动的指导。由于2007年名人小组已经在《新亚洲、新的亚洲开发银行》的报告中首次提出“包容性增长”的术语，所以在《战略2020》中“包容性增长”被明确提出，并与“环境可持续增长和地区整合”一道成为亚行追求其愿景和使命所关注的三个互补的战略议程。至此，包容性增长由理念到行动再到明确提出，逐步成为亚行的战略和行动指导。

（二）包容性增长的国内渊源

包容性增长在中国逐渐受到人们的关注，与胡锦涛同志在国际多边场合的三次重要讲话密不可分，胡锦涛主席提出包容性增长与国际形势有关，更是深植于中国治国理政理念和经验。

总体看来，究其国内渊源与中国共产党近年来先后提出的科学发展观、和谐社会建设以及和谐世界的倡议密不可分。具体来看，科学发展观的思想最早提出于2003年10月召开的中国共产党十六届三中全会上，在中国共产党第十六届中央委员会第三次全体会议通过的《中共中央关于完善社会主义市场经济体制若干问题的决定》[3]中，提出了“坚持以人为本，树立全面、协调、可持续的发展观，促进经济社会和人的全面发展”的主张。这标志着中国共产党郑重地提出了科学发展观，是中国共产党对社会主义现代化建设指导思想的新发

[1] Ganesh Rauniyar, RaviKanbur. Inclusive Growth and Inclusive Development: A Review and Synthesis of Asian Development Bank Literature [R]. 2009.

[2] Asian Development Bank. Strategy 2020: The Long-Term Strategic Framework of the Asian Development Bank 2008-2020. 2008.

[3] 人民网. 中共中央关于完善社会主义市场经济体制若干问题的决定(全文)[EB/OL]. http://www.people.com.cn/GB/shizheng/1024/2145119.html, 2003-10-21/2012-05-25.

展[1]。2007年10月，胡锦涛在党的十七大的报告中，系统、全面地阐述了科学发展观，即“科学发展观，第一要义是发展，核心是以人为本，基本要求是全面协调可持续，根本方法是统筹兼顾”[2]；并且，在当年通过的《中国共产党章程（修正案）》中，科学发展观等增加入党章，成为我国经济社会发展的重要指导方针。

和谐社会的奋斗目标最早见诸2003年的十六大报告。十六大指出“我们要在本世纪头二十年，集中力量，全面建设惠及十几亿人口的更高水平的小康社会，使经济更加发展、民主更加健全、科教更加进步、文化更加繁荣、社会更加和谐、人民生活更加殷实”，和谐社会的建成与否成为小康社会的一个重要标志。2006年10月11日，十六届中央委员会第六次全体会议通过《中共中央关于构建社会主义和谐社会若干重大问题的决定》[3]，详细阐述了和谐社会的目标和主要任务，即“社会主义民主法制更加完善，依法治国基本方略得到全面落实，人民的权益得到切实尊重和保障；城乡、区域发展差距扩大的趋势逐步扭转，合理有序的收入分配格局基本形成，家庭财产普遍增加，人民过上更加富足的生活；社会就业比较充分，覆盖城乡居民的社会保障体系基本建立；基本公共服务体系更加完备，政府管理和服务水平有较大提高；全民族的思想道德素质、科学文化素质和健康素质明显提高，良好道德风尚、和谐人际关系进一步形成；全社会创造活力显著增强，创新型国家基本建成；社会管理体系更加完善，社会秩序良好；资源利用效率显著提高，生态环境明显好转；实现全面建设惠及十几亿人口的更高水平的小康社会的目标，努力形成全体人民各尽其能、各得其所而又和谐相处的局面”。

和谐世界的观点最早由胡锦涛同志在2005年4月举行的亚非峰会发表的题为《与时俱进，继往开来，构筑亚非新型战略伙伴关系》的讲话中提出。他认

---

[1]大河网．党中央提出科学发展观[EB/OL]．http：//newpaper．dahe．cn/hnrb/html/2009-10/14/content_235037．htm，2009-10-14/2012-06-25.

[2]新华社．胡锦涛在党的十七大上的报告[EB/OL]．http：//news．xinhuanet．com/newscenter/2007-10/24/content_6938568_2．htm，2007-10-24/2012-06-25.

[3]新华网．中共中央关于构建社会主义和谐社会若干重大问题的决定[EB/OL]．http：//news．xinhuanet．com/politics/2006-10/18/content_5218639．htm，2006-10-18/2012-06-25.

为，构筑长期稳定、内涵丰富、与时俱进的亚非新型战略伙伴关系，亚非国家需要“尊重各国选择社会制度和发展模式的自主权，推动不同文明友好相处、平等对话、发展繁荣，共同构建一个和谐世界”[1]。2005年9月，联合国成立60周年首脑会议召开，胡锦涛发表题为《努力建立持久和平、共同繁荣的和谐世界》[2]的重要讲话。为真正建设一个持久和平、共同繁荣的和谐世界，他提出“坚持多边主义，实现共同安全；坚持互利合作，实现共同繁荣；坚持包容精神，共建和谐世界；坚持积极稳妥方针，推进联合国改革”的意见和建议。

科学发展观是中国政府进行国家经济社会建设的重要战略指导，和谐社会是我国政府建设小康社会的目标之一，和谐世界是我国政府构建国际关系的重要主张，虽然三者的侧重点不同、关注的范围各异，但三者所体现出来的包容性与包容精神却与包容性增长雷同，成为我国政府提出包容性增长的重要渊源。正如胡锦涛同志在第五届亚太经合组织人力资源开发部长级会议上致辞所说：“中国是包容性增长的积极倡导者，更是包容性增长的积极实践者；中国强调推动科学发展、促进社会和谐，本身就具有包容性增长的涵义。”[3]

三、包容性增长的含义与要求

（一）国际机构的认识

在国际上，包容性增长的定义往往与亚行和世界银行等国际组织的实践和研究密不可分。亚行以“一个没有贫困的亚太地区”为自己的愿景，减缓贫困成为亚行开展业务的重要目的，所以亚行项目能否带来当地的包容性增长成为亚行减缓贫困的重要手段，亚行定义的包容性增长与减缓贫困具有千丝万缕的联系。Ganesh Rauniyar H和Ravi Kanbur在《包容性增长和包容性发展：亚洲

---

[1]中国经济网．国家主席胡锦涛在2005年亚非峰会上的讲话(全文)[EB/OL]. http：//www. ce. cn/xwzx/gnsz/gdxw/200504/22/t20050422_3679908. shtml, 2005-04-22/2012-06-25.

[2]胡锦涛．努力建立持久和平、共同繁荣的和谐世界[EB/OL]. http：//politics. people. com. cn/GB/1024/3699888. html, 2005-09-15/2012-05-25.

[3]胡锦涛．深化交流合作实现包容性增长[EB/OL]. http：/www. china. com. cn/policy/txt/2010-10/13/content_21116459, htm , 2010-09-16/2012-06-23.

开发银行文献的一个回顾与综合》[1]中指出，目前，并没有一致同意和一般的包容性增长的定义；可是这个概念被理解为“伴随着机会平等的增长”，它关注于创造机会，并且使它们对于任何人都易于获得，而不仅对于穷人；当所有的社会成员，不管他们的境遇如何，都能公平地参与进来并且为增长过程作出贡献时，包容性增长就出现了。亚行的《战略2020》[2]继续将“一个没有贫困的亚太地区”作为自己的企业愿景，并将包容性增长作为实现该愿景的支柱之一。在《战略2020》对包容性增长的解释中，认为包容性增长将具有两个共同加强的关注点，第一个为“高速、可持续增长将创造和增加经济机会”，第二个为“对这些机会的广泛接触将保证社会成员参与并且从增长中获益”；最后“社会安全网必须加强以便防止极端贫困的发生”；这三个方面成为《战略2020》中描述包容性增长的三个支柱[3]。在世界银行的一篇专门介绍包容性增长的文献中[4]，对包容性增长作了如下详细的描述：“包容性增长让人们可以对经济增长作出贡献并从经济的增长中获得利益”，“包容性增长即指增长的速度，也指增长的模式”，“包容性增长方式把长期的愿景看作增加被排除群体收入的方式，因为长期的愿景关注生产性就业，而不是直接的收入分配”，“包容性增长的定义与益贫式增长的绝对定义一致，而与益贫式增长的相对定义不一致”，“因为关注不平等，益贫式增长的相对定义会导致对贫困和非贫困家庭的次优结果”，“包容性增长关注贫困起源的事前分析”，“包容性增长政策是许多政府可持续发展战略的重要组成部分”。

（二）国内的理解

在国内，胡锦涛同志的几次重要讲话使得包容性增长在我国受到广泛关注和讨论，其讲话中也透露出对包容性增长的独特见解，其内涵包括“让更多的人享

[1] Ganesh Rauniyar, RaviKanbur. Inclusive Growth and Inclusive Development: A Review and Synthesis of Asian Development Bank Literature [R]. 2009.

[2] Asian Development Bank. Strategy 2020: The Long-Term Strategic Framework of the Asian Development Bank 2008-2020. 2008.

[3] Asian Development Bank. Inclusive Growth [EB/OL]. http: //www. adb. org/themes/poverty/topics/inclusive-growth , 2011-12-16/2012-06-25.

[4] Worldbank. What is Inclusive Growth? [R].

受全球化成果、让弱势群体得到保护、在经济增长过程中保持平衡等等”[1]。另外，在2011年举行的博鳌亚洲论坛上也提出了对于包容性增长的认识，论坛围绕包容性发展机会和挑战的四条主线展开，即“经济发展创造的所有机会应当开放和公正；经济发展得来的利益和财富应当惠及全体人民；当前全球化浪潮汹涌而至，显而易见，没有任何国家能够独守一隅，鼓励发展，这要求国与国之间的经济关系最主要表现为相互包容；必须通过协调人类经济发展与环境保护目标，来满足包容性发展的其他需求”[2]。这体现了博鳌亚洲论坛对于包容性增长的认识，即包容性增长应当是经济发展创造的所有机会应当开放和公正的增长，包容性增长应当是经济发展得来的利益和财富应当惠及全体人民的增长，包容性增长应当是国与国之间的经济关系相互包容而非零和竞争的增长，包容性增长应当是协调人类经济活动与环境保护目标的增长。此外，国内一些学者也对包容性的含义进行了相应的讨论，张峰和冯海波（2011）认为“包容性增长”是科学发展观的具体确证，是社会主义和谐社会的实现形式，是对我国经济发展模式的精炼和升华，他们强调必要增长速度基础上的社会公平、公平与效率的“质”的统一、人民享有权利的实质性增长、社会建设内涵丰富以及和平与发展、参与与共享的国际诉求[3]。陈华和张美玲（2011）认为包容性增长应当包括几个方面，即“包容性增长体现公平与效率的内在一致性，包容性增长强调发展权利的同质均等性，包容性增长排斥两极分化但保护合理差距，包容性增长的逻辑延伸就是包容性发展，包容性增长的国际扩展就是和平发展”[4]。陈柳钦[5]（2011）认为，包容性增长包括以下三个方面：首先，包容性增长既强调经济增长的速度，也强调经济增长的方式；其次，包

[1] http://siteresources. worldbank. org/INTDEBTDEPT/Resources/468980-1218567884549/WhatIsInclusiveGrowth20081230. pdf, 2009-02-11/2012-06-26.

胡锦涛. 深化交流合作实现包容性增长[EB/OL]. http: //www. china. com. cn/policy/txt/2010-10/13/content_21116459. htm, 2010-09-16/2012-06-23.

[2] 博鳌亚洲论坛2011年年会报告[R]. 2011, P4.

[3] 张峰，冯海波. “包容性增长”的科学内涵及其世界历史意义[J]. 吉首大学学报（社会科学版），2011（01）: 9-12.

[4] 陈华，张美玲. 包容性增长：理论、演进及中国的路径选择[J]. 管理现代化，2011（01）: 44-46.

[5] 陈柳钦. 包容性增长：中国经济从量变向质变切换[J]. 北华大学学报（社会科学版），2011（01）: 35-42.

容性增长是以投资和增加生产型就业机会为导向，加快经济增长速度和扩大经济规模的增长，它更倾向于通过增加就业机会为个人创造工作岗位，使其不断提高收入、改善生活、共享经济社会发展成果，而不是通过收入再分配使个人被动地摆脱贫困；第三，包容性增长应当使人们平等、广泛地参与经济增长的过程并从中受益。陈建清[1]（2011）认为较为准确地理解“包容性增长”需要把握以下几个方面，即“包容性增长”把经济增长的速度和经济增长的方式同等重要地加以强调，“包容性增长”注重对人力资源的开发以实现充分就业，“包容性增长”应当使社会的成员能够广泛、平等地参与经济增长的过程并从中获益。

四、包容性增长的分类

从以上国际机构、学者和国内政府、学者对于包容性增长的理解中，我们不难看出对于包容性增长可以沿着两个维度进行分类理解。一条维度为内涵的广义与狭义，另一条维度为空间范围的大小限定。

第一个维度的划分方法以亚行对于包容性增长的认识为代表，Terry McKinley（2010）认为，“亚行对包容性增长议程解释为狭义或广义，狭义的解释意味着关注于经济增长，在这种解释中，提高人类的能力被视为改善经济境况的工具；广义的解释强调包容性发展，这种途径强调福利和评估人能力的非收入测量（比如好的健康和识字）首先为人类发展成果，而不是加速经济增长的工具。”[2]显而易见，这种从内涵维度分类的包容性增长以收入的提高带来的经济条件的改善为基础，狭义的包容性增长关注经济的增长，提高人类的能力等非收入因素被视为提高人类经济境况的工具和手段；广义的包容性增长将经济的增长作为包容性增长的重要方面，提高人类的能力与改善人类的经济境况也一样是广义的包容性增长的主要组成部分，而不仅仅是提高人类经济境况的手段和工具。另外，需要说明的是，亚行及其专家对于包容性增长的理解和解释基于“一个没有贫困的亚太地区”的亚行公司的愿景，聚焦于新时期

---

[1] 陈建清．对“包容性增长”的浅思[J]．内蒙古农业大学学报（社会科学版），2011（02）：244-246．

[2] Terry McKinley. Inclusive Growth Criteria and Indicators: An Inclusive Growth Index for Diagnosis of Country Progress [R]. 2010, Manila.

对亚太地区贫困问题的解决，所以包容性增长也是围绕新时期如何更好地减少亚洲的贫困而展开。

第二个维度的划分方法以中国政府和学者对于包容性增长的认识为代表，以空间范围的划分为其显著特征。具体来说，从空间范围维度理解的包容性增长可以分为三个方面，分别为国际层面、国家层面和企业层面。在国际层面，包容性增长着力关注国际经济、政治、文化等关系的不对称，包括国际经济关系的双赢而非零和竞争，政治关系的民主化而非霸权主义，文化关系的和谐共存而非文明冲突。在国家层面，包容性增长着力关注经济增长的可持续性与增长方式、贫富差距、区域差距、城乡差距、弱势群体保护、自然环境保护等。在企业层面，包容性增长强调企业在发展壮大的过程中对其利益相关方的关注，并且处理好与其利益相关方之间的关系，不因自己的发展而损害其利益相关方的利益。企业关注内部利益相关方，包括合理增加工人工资、促进工人的福利、对工人进行培训、提高工人的技能、促进员工工作与生活的平衡等；企业关注外部利益相关方包括保护环境、节约资源、遵守商业道德、保护上下游企业的利益等。

层面	狭义	广义
国际	经济全球化惠及所有参与国	和谐世界
国家	经济成果惠及全国人民	和谐社会
企业	利益相关方经济福利	CSR（企业社会责任）

图1.1　包容性增长的分类

依据包容性增长内涵的狭义与广义维度，以及包容性增长的空间范围维度，我们就可以将包容性增长分为六个类别。从国际层面来看，狭义的包容性增长可以使得经济全球化的好处惠及所有参与的国家，包容性增长不仅使得各个国家能够参与进来，并且能够从中获利，共同做大全球经济的蛋糕，并且能够获得合理的份额；广义的包容性增长可以理解为包容性的发展，不仅是经济全球化的经济福利惠及所有的参与方，而且在国际交往中尊重文明多样性、尊重不同的文化、尊重各国选择不同发展道路，在国际层面广义的包容性增长的目标就是建设一个和谐的世界。在国家层面，狭义的包容性增长要求通过各种方式使一国经济的发展成果惠及全体国民，解决绝对贫困问题，缓解收入分配不均等；广义的包容性增长可以理解为国家层面的包容性发展，其目标就是建设和谐社会。在企业层面，狭义的企业包容性增长意味着企业在发展壮大的过程中也要同时促进其利益相关方的利益的同步提升，而不是有违其利益相关方的利益；广义的企业包容性增长意味着企业在发展壮大的过程中，不仅要促进其利益相关方的经济利益，而且要促进利益相关方更好地发展，将促进利益相关方的经济利益作为促进利益相关方福利增加的一个重要方面。

第二节　企业公民理论及其发展

一、企业社会责任（CSR）认识历程

国际标准化组织（ISO 26000，2011）认为，社会责任是指“通过透明和道德行为，组织为其决策和活动给社会和环境带来的影响承担的责任”；将ISO对组织的社会责任的定义限定于企业，那么CSR就是指“通过透明和道德行为，企业为其决策和活动给社会和环境带来的影响承担的责任”。自从1916年芝加哥大学的克拉克（J.Maurice Clark）首次提出“迄今为止，大家并没有认识到社会责任中有很大一部分是企业的责任”[1]的企业社会责任的观念之后，关于企业社会责任的研究就由浅入深不断向前发展和推进。1923年，英国学者欧立文·谢尔顿（Oliver Sheldon）在美国考察企业时首次提出企业社会责任的概念，他把企业社会责任与公司经营者满足企业内外各种人需要的责任联系起来，并将道德因素包含在企业社会责任范畴之内[2]。此后，国外理论界对企业社会责任的研究主要围绕企业社会责任的定义、企业是否应该承担社会责任、企业该承担多少社会责任、企业追求的目标、企业利益与社会利益的关系、企业承担社会责任对企业竞争力的影响等问题展开了激烈的争论[3]。具体来看，欧美对于企业社会责任概念的研究依次经历了20世纪20年代至60年代的个别研究阶段、20世纪70年代至20世纪末的广泛关注阶段以及21世纪初至今的全球发展阶段三个阶段[4]。其间，伯利（Adolf A.Berle）和多德（E.Merrrich Dodd）对管理者受托责任进行了讨论；伯利（Adolf A.Berle）和曼尼（Henry G.Manne）关于现代公司作用进行了争论[5]，重点对企业是否应该承担经济目标之外的其他社会目标进行了关注。1953年，“企业

[1]J. Maurice Clark. The Changing Basis of Economic Responsibility [J]. Journal of Political Economy, 1916(03): 229.

[2]曹海敏，隋静．社会责任问题的研究[M]．北京：北京交通大学出版社，2009年第1版，第14页．

[3]黎友焕．企业社会责任研究[D]．陕西：西北大学，1997年，第12页．

[4]国家电网企业社会责任指标体系研究课题组．企业社会责任指标体系研究[M]．北京：中国电力出版社，2009年第1版，第15页．

[5]沈洪涛，沈艺峰．公司社会责任思想——起源与演变[M]．上海：上海人民出版社，2007年第1版，第27-35页．

社会责任之父”霍华德·R.鲍恩（Howard R.Bowen）的划时代著作《商人的社会责任》出版，标志着现代公司社会责任概念构建的开始[1]。随着企业社会回应[2]、企业社会表现的三维概念模型[3]等观点的提出以及20世纪90年代企业社会责任与利益相关方理论的全面融合[4]，在公司作为一个经济组织在创造利润的同时也有服务社会的功能[5]的理念不断为社会所接受之后，企业社会责任的内涵以及理论基础等不断趋于完善。

二、企业公民理论的提出

如前所述，人们对于企业社会责任的认识经历了一个由浅入深、由单一到全面的过程，在这个过程中占主导地位的企业社会责任内涵的认识也在不断发生变化。

（一）已有企业社会责任观点的提升

首先，新古典经济学对于企业社会责任内涵的认识。20世纪70年代之前，虽然企业社会责任的观点不断引起人们的注意，并且经历了漫长的辩论，但是对于CSR内涵的认识占统治地位的观点仍然是新古典经济学的观点，认为企业不应承担超出利润最大化范围之外的社会责任，企业唯一的社会责任是股东利润最大化。该观点以诺贝尔经济学奖的得主弗里德曼为代表，弗里德曼认为“确实有实实在在的社会责任，那就是在遵守法律和适当的道德标准的前提下，尽可能地挣更多的钱”[6]。

---

[1] Archie B. Carroll. Corporate Social Responsibility: Evolution of a Definition Construct [J]. Business and Society, 1999 (03): 268-295.

[2] Robert W. Ackerman. How Companies Respond to Social Demands [J]. Haward Business Review, 1973 (04): 88-98.

[3] Archie B. Carroll. A Three-Dimensional Conceptual Model of Corporate Social Performance [J]. Academy of Management Review, 1979 (04): 497-505.

[4] I. M. Jawahar and Gary L. McLaughlin. Toward a Descriptive Stakeholder Theory: An Organizational Life Cycle Approach [J]. Academy of Management Review, 2001 (03): 398.

[5] E. Merrich. Dodd. For Whom Are Corporate Managers Trustees? [J]. Harvard Business Review, 1932 (07): 1147-1148.

[6] Johnson, Willa. Freeman and Philanthropy: An Interview with Milton Friedman [J]. Business and Society Review, 1989, Vol 71, P14.

其次，狭义的企业社会责任。20世纪70年代之前，新古典经济学对于企业社会责任的看法处于主导地位，人们对于企业超出利润最大化的社会责任的探讨，停留在企业是否应当承担社会责任以及应当承担何种社会责任，称为狭义的企业社会责任。对于企业是否应当承担社会责任，Davis（1960）所提出的“责任铁律”[1]给出了回答。责任铁律包括三个要点[2]，即责任与权力联系在一起，责任越少、权力越少，是企业的非经济价值。根据责任铁律，既然企业经济活动不可避免可以对社会、环境造成一定的影响，企业就具有一定的责任；否则，如果企业不履行与其权力相对应的责任，其权力也会越来越小，以致达到与其承担的责任相称。对于企业承担何种社会责任，美国经济发展委员会（CED）1971年所著《商业公司的社会责任》[3]给出了回答，它将企业社会责任定义为三个同心圆，即“内层是范围清晰的有效履行经济功能的基本责任；中间一层是将履行经济功能的责任与对变化中的社会价值观和主要问题的敏锐感相结合；外层是新近出现但还不是很清晰的责任，要求公司更广泛地积极介入到改善社会环境的活动中去”[4]。另外，对于企业承担何种社会责任的研究，比较有代表性的还有美国佐治亚大学教授卡罗尔于1979年提出的“金字塔”的概念，认为企业社会责任是指企业的经济责任、法律责任、伦理责任和自愿责任（慈善责任）之和；英国学者John Elkington1997年提出“三重底线理论”，认为企业行为要满足经济底线、社会底线与环境底线，企业必须履行最基本的经济责任、社会责任和环境责任。

第三，企业社会回应。狭义的企业社会责任主要回答公司是否应当履行超出利润最大化的社会责任和企业应当履行何种社会责任，也就是说它主要解决了“为什么”和“是什么”的问题，这也是称其为狭义的社会责任的重要原因。企业履行社会责任仅仅停留在“为什么”和“是什么”是不够的，企业还

---

[1] Davis, Keith. Can Business Afford to Ignore Social Responsibilities? [J]. California Management Review, 1960, P70-76.

[2] 沈洪涛，沈艺峰．公司社会责任思想起源与演变[M]．上海：上海人民出版社，2007年1月第1版．

[3] Committee for Economic Development. Social Responsibilities of Business Corprations [M]. New York, 1971, P15.

[4] 沈洪涛，沈艺峰．公司社会责任思想起源与演变[M]．上海：上海人民出版社，2007年1月第1版．

必须去做，去行动。于是，学术界对于企业社会回应的提法不断受到关注。1971年，Davis和Blomstrom所著的《企业、社会和环境》[1]一书开始重视企业社会回应，认为“企业社会责任的概念仅仅只是朝向企业社会化有效性的‘最初一步’，它必须伴随着有效的社会行动”[2]。Frederick[3]（1994）认为企业社会回应是指“企业回应社会压力的能力”，主要回答“企业是否能对社会压力做出回应？企业是否将对社会压力作出回应？企业是否对社会压力作出回应？企业如何对社会压力做出回应？企业在何种程度上对社会压力作出回应？企业社会回应将产生什么效果？”[4]显而易见，狭义的企业社会责任较古典经济学的社会责任观点更为丰富，而企业社会回应在狭义的企业社会责任的基础之上加入了企业履行社会责任行动的内容。

第四，企业社会表现。企业社会回应是在狭义的企业社会责任的基础上演进的概念，是对企业利益相关方愿望和需求的满足的能力，具有行动导向，“它提供了可以执行企业社会责任的行动维度”[5]。不过，由于企业社会回应并不完善，不能完全解决狭义的企业社会责任所存在的问题，一个新的更具包容性的概念——企业社会表现应运而生。“企业社会表现是继狭义的企业社会责任、企业社会回应之后，企业社会责任研究领域出现的另一个概念或主张”[6]。对于企业社会表现的定义，比较有代表性的有Carrol的企业社会表现三维模型[7]以及Wartick和Cophran的定义[8]。Carrol（1979）认为“企业社

[1] Davis Keith and Blomstrom Robert L. Business, Society and Environment [M]. McGraw-Hill Book Company, 1971.

[2] 沈洪涛，沈艺峰. 公司社会责任思想起源与演变[M]. 上海：上海人民出版社，2007年1月第1版.

[3] Fredrick William C. From CSR1 to CSR2 [J]. Business and Society, 1994(02): 153.

[4] 沈洪涛，沈艺峰. 公司社会责任思想起源与演变[M]. 上海：上海人民出版社，2007年1月第1版.

[5] Wood Donna J. Social Issues in Management: Theory and Research in Corporate Social Performance [J]. Journal of Management, 1991(02): 503-504.

[6] 沈洪涛，沈艺峰. 公司社会责任思想起源与演变[M]. 上海：上海人民出版社，2007年1月第1版.

[7] Carrol Archie B. A Three-Dimensional Conceptual Model of Corporate Performance [J]. Academy of Management Review, 1979(04): 503.

[8] Wartick Steven L, Cochran Philip L. The Evolution of the Corporate Social Performance Model [J]. Academy of Management Review, 1985(04): 758, 767-768.

会责任要求：企业的社会责任应该得到衡量，企业面临的社会问题必须得到确认，回应的理念可以得到选择”。为此，他提出企业社会表现的三维模型。在这个模型里，第一维度的企业社会责任分解为四大部分：经济责任、法律责任、伦理责任和自愿责任。模型的第二维度为社会问题管理，是与社会责任第一个维度相联系的社会问题或主题，包括消费者、环境、种族歧视、产品安全、职业安全、股东等企业的利益相关方。第三个维度即为企业社会回应，它包括反映、防守、适应和预防的连续过程。Wartick和Cophran（1985）首先对于企业社会表现下定义，认为“企业社会绩效反映了企业社会责任准则、社会回应过程和用于解决社会问题的政策之间的根本相互作用”；并认为该定义“将企业与社会领域的主要与社会责任原则相关的理念导向、主要与社会回应过程相关的制度导向以及主要与社会管理问题管理政策相关的组织导向这三大主导方向融合在一起”。

（二）企业公民理论的提出

根据《财富》杂志2011年公布的世界500强企业数据，世界500强企业总体营业收入为260205.629亿美元，占2010年全球GDP 619634.3亿美元的41.99%；在美国，进入世界500强的企业总体营业收入占本国GDP的52.25%；中国较其略微偏高，该数据为52.32%；日本的该数据更高，为60.05%。显而易见，企业尤其是大企业集团已经成为国家经济竞争的支柱和经济实力的象征，对一个国家的国民经济具有巨大的影响力。正如世界著名管理学家霍曼·梅纳德所说：“未来属于企业，社会中心将是企业，因为企业是社会的中坚力量、经济基础、左右世界的主要力量。”所以，较其利益相关方，企业自然成为一个强势群体。无论是新古典经济学定义之下的企业的社会责任，还是狭义的企业社会责任；无论是企业社会回应观点之下的企业社会责任，还是企业社会回应定义之下的企业社会责任，他们都强调企业的社会责任、企业的义务，而对企业应有的权利重视不够。因为在人们的观念中，企业已经具有巨大的影响力和权利；相对于企业，其利益相关方处于弱势地位，所以不用特意提出企业的权利是很自然的事情。

不过，根据“权责对等”原则，企业在履行责任、在付出资源帮助他人的时候，需要对其权利加以尊重和肯定，如果只强调企业的责任和义务，而对于企业的权利重视不足，甚至忽视在履行社会责任过程中的权利，最终会失去企业履行责任和义务带来的好处，这对于企业积极性的提高从而进一步履行社会责任会造成巨大的打击。另一方面，特别关注和强调企业的社会责任或企业的伦理等，会给社会造成一种刻板印象，即企业是不履行社会责任的或者在履行社会责任方面做得不足或做得不够好，给人一种企业做好事是为了赎罪的感觉，这也不利于企业积极主动、心甘情愿地去履行社会责任。因此，在此背景之下，20世纪后期企业社会责任领域的一个新概念——“企业公民”应运而生。“‘企业公民’是世纪交替之际，从企业社会责任概念延伸出的新概念”[1]，作为企业社会责任概念的新发展，它不仅可以包容企业社会责任领域研究过程中所出现的狭义的企业社会责任、企业社会回应、企业社会表现等企业社会责任的内涵与外延，而且还将企业看作权利与义务的统一体——公民，这就解决了企业社会责任领域过于强调企业的社会责任、而对企业本身所应当具有的权利重视不足的状况。不仅如此，由于企业公民本身不具有企业是否不负责任的暗示，所以更受到企业的欢迎和积极回应。事实上，企业公民这一术语的产生首先与企业界的提倡和实践密不可分，至于学术界，“则在20世纪90年代才开始关注和研究企业公民概念，大量的研究则在进入新世纪后才展开”[2]。此外，“作为一个伦理学、社会文化学和法学范畴，‘企业公民’较之于‘企业社会责任’，在精神表达、行为展示和责任履行上更具有公民意味，也更符合企业的社会存在本质和存在特性”[3]。

三、企业公民理论的内涵

企业公民这一术语的研究与实践的一个重要特点就是企业界的实践早于学术界的研究，进入21世纪西方才有比较多的文献进行研究，所以与“企业社会责任”一样，企业公民概念至今也没有一个被广为接受的明确的定义。对于企

[1]龚天平．企业公民、企业社会责任与企业伦理[J]．河南社会科学，2010(04)：75-78.

[2]龚天平．企业公民、企业社会责任与企业伦理[J]．河南社会科学，2010(04)：75-78.

[3]霍季春．从“企业社会责任”到“企业公民”[J]．理论与现代化，2007(01)：67-70.

业公民的内涵，有些学者认为它的内涵比企业社会责任大，有些学者认为企业公民的内涵较企业社会责任要小，也有些学者对二者不加区分，将二者看作可以互换的概念。

（一）历史纵向逻辑理解的企业公民

从历史纵向角度，在涉及到企业公民与企业社会责任在以往出现的几个概念的继承关系方面，主要出现了三个方面的观点。据沈洪涛等（2007）介绍，"迄今为止共有三种观点，第一类称为企业公民局部观，第二类称为企业公民等同观，第三类称为企业公民延伸观"[1]，这也是从企业公民与企业社会责任所体现的企业社会责任的内涵方面进行的分类。

企业公民局部观认为企业公民仅为企业社会责任的一部分，企业社会责任的观点较企业公民是一个范围更广的概念。也就是说，企业社会责任包括企业公民，而企业公民不包括企业社会责任。Epstein（1989）认为"通过经济和非经济的贡献来改进社区福利的'好公民'，一直被看作是有社会责任感的公司行为的典范"[2]。所以，持此观点的学者所认为的企业公民为企业社会责任中与社区活动有关的社会责任，企业公民自然成为企业社会责任的一个方面。

持第二种观点的学者认为企业公民与企业社会责任的范围相同，只是社会责任领域的一个不同的术语而已。无论是企业社会责任，还是企业公民，他们都意味着企业需要做好社会责任方面的实践活动，以完成其需要履行的经济责任、法律责任、伦理责任以及自愿责任。

持第三种观点的学者认为，企业公民是企业社会责任概念的延伸，如果企业公民较企业社会责任没有任何新意和进展，那么无论是学术界，还是企业界，抑或是政府方面，就无须在企业社会责任、企业伦理等企业社会责任方面的术语已经广泛应用的情况之下提出新的概念；社会各界尤其是企业界之所以

---

[1]沈洪涛，沈艺峰．公司社会责任思想起源与演变[M]．上海：上海人民出版社，2007年1月第1版．

[2]Epstein Edwin M. Business Ethics, Corporate Good Citizenship and the Corporate Social Policy Process: A View from the United States [J]. Journal of Business Ethics, 1989(08): P586.

对企业公民的术语比较热衷，与企业公民较企业社会责任、企业伦理等已有的企业社会责任方面的术语所具有的优点密不可分。作为这种优势或优点的重要方面，企业公民不具有企业社会责任或企业伦理所可能具有的消极暗示，即企业社会责任或企业伦理往往具有企业是不负责任或者不谈伦理的暗示，否则又何谈企业社会责任或企业伦理。套用达尔文的生物进化论的观点，自然界生物不断地进行着“从低级到高级，从简单到复杂，种类由少到多地进化着、发展着”的过程，在企业社会责任的概念演进方面，从历史纵向角度出现的企业社会责任的不同称呼和术语也在不断经历着由简单到丰富的过程。

（二）政治学角度理解的企业公民

其实，对于企业公民内涵的理解，我们不仅要看到其与企业社会责任在20世纪以来所出现的几个概念的继承关系，而且还必须注意到企业公民本身所体现“企业+公民”的集成关系。

公民是一个“历史的范畴”，产生于西方，最初是作为一个政治意义上的概念，指“属于城邦的人或城邦的人”[1]，其中城邦是当时国家的组织形式，这样，公民也可以称为“国家的人”。不过，那个时候并不是所有的人都具有“公民”的资格。资产阶级革命赋予公民概念以新的含义，公民遂成为一种普遍权利和义务的代名词[2]，这也是现代意义上的公民的主要特征，它使得公民成为权利和义务的统一体。企业公民是一个偏正结构的合成词，在这种企业公民所包含的企业与公民的关系中，已有的涉及企业公民的研究具有三种不同的观点，第一种观点认为企业就是公民，第二种观点认为企业像公民，第三种观点认为企业是公民权的管理者。但是，无论是企业就是公民的观点，还是企业像公民的观点，抑或是企业是公民权的管理者的观点，企业公民始终具有权利和义务的身份，企业就是公民使得企业可以像公民一样具有法律赋予的权利和义务，事实上，公司法意义上的企业法人在某种程度上也是法律地位上

[1]马蓬勃．论公民意识——当代中国公民社会研究的另一维度[D]．陕西：陕西师范大学，2007.

[2]霍季春．从“企业社会责任”到“企业公民”[J]．理论与现代化，2007（01）：67-70.

对于企业的公民身份的认可。公民是一个内涵极为丰富的概念，也可以说是具有不同维度的特质，企业像公民就是说企业公民具有公民的某些特质，不过，企业所具有的依法纳税、诚信守法等公民的特征已经保证了企业公民可以像公民一样具有特定的权利和义务。企业是公民权的管理者源自于自由化所带来的政府功能的弱化，涉及到对政府功能的部分替代，企业是由多个公民形成的组织，管理着部分的公民权利，既然如此，它就是权利和义务的统一。

显而易见，从政治学的角度来看，企业公民保证了企业在履行社会责任的时候具有相应的影响他人的权利，企业公民是权利和义务的统一。因此，既然企业公民是权利和义务的统一，那么，相比较于企业社会责任来说，企业公民避免了企业社会责任重点强调企业的责任和义务，而对于企业的权利重视不足或者在某种程度上弱化的状况。

（三）实践中的企业公民

从历史纵向逻辑理解的企业公民来看，企业公民是一个比企业社会责任内涵更为丰富的一个术语；从政治学角度来理解企业公民也可以得到相似的结论。因此，基于企业公民较以往的企业社会责任领域的术语平衡了企业的权利与义务的两个方面、企业公民不具有反面的暗示以及企业公民是一个新近出现的企业社会责任方面术语等原因，企业公民较企业社会责任领域以往出现的术语内涵更为丰富显而易见。不过，在实践中，由于企业本身具有不言而喻的权利；并且，实际上，企业也在自觉不自觉地运用它的这种权利，比如按照客户的需求生产、设计出各种各样的产品，组织员工进行生产等。所以，在实践中，无论是企业，还是社会公众，都把企业公民与企业社会责任等同起来。之所以在实践中，企业公民与企业社会责任并没有得到区分，一个重要的原因就是无论是在企业公民的思路指导之下的企业社会责任实践，还是在企业社会责任、企业伦理等术语指导之下的企业社会责任实践，它们都可以以统一的企业社会责任框架进行理解。在实践中，对于企业来讲，企业公民使得企业可以从一个社会成员的角度来分析并决定自己的社会责任实践，企业社会责任、企业伦理等术语可以使企业从对社会负责、具有伦理的角度来分析并进行自己的社会责任实践。但是，无论是何种角度，企业也都没有强调自己在进行这种社会责任实践中所具有的权利，而把侧重点放在了所进行的社会责任实践活动、如何做好相应的社会责任实践、如何在社会责任实践中收到更好的社会绩效、经济绩效以及环境绩效。对于社会来讲，企业进行社会责任实践，社会看重的不是企业是企业公民，或是企业在基于企业伦理做事，社会的关注点是企业做了什么、企业是不是真正注重其利益相关方的利益并且非常出色地完成了企业所进行的社会责任实践。所以，基于此，无论是企业还是社会，他们看重的都是企业究竟在做什么而不是在说什么。如此一来，在现实中，企业公民往往与企业社会责任、企业伦理等等同起来。部分企业之所以更喜欢用企业公民来代替企业社会责任、企业伦理等之类的术语，一个重要的原因不是因为企业公民包含着企业在社会责任实践过程中是一个权利与义务的统一体，而是企业公民更易于理解、不包括可能的负面暗示，而这种更易于理解、不包括可能的负面暗示对于企业所进行的社会责任实践来说已经显得并不是那么的重要。所以，在实践中企业公民所指导的社会责任实践与企业社会责任、企业伦理等术语指导的社会责任实践并没有什么不同，他们都属于企业社会领域的实践，这样，企业公民在实践中与企业社会责任、企业伦理等词就具有了相同或者相似的内涵和外延了。

四、全球企业公民

20世纪90年代以来，全球化进程迎来前所未有的高速推进，但是，与此同时全球化也暴露了在政治[1]、经济[2]、社会[3]、文化[4]、生态环境以及法律层面所可能带来的弊端。具体来看，在政治层面，跨国公司本身作为一个利益集团往往善于通过谈判、贿赂以及游说等手段对东道国政治施加或好或坏的影响；在经济层面，跨国公司在架起南方国家与北方国家之间贸易桥梁的同时也使南北国家之间贫困差距拉大、南方国家内部两极分化；在社会层面，跨国公司使市场经济深入人心，伴随着人类经济性的增强、社会性的减弱，社会问题

[1]乌·贝克等著．全球化与政治[M]．北京：中央编译出版社，2000：P25．

[2]雅克·阿达．经济全球化[M]．北京：中央编译出版社，2000：P3．

[3]罗兰·罗伯森．全球化：社会理论和全球文化[M]．上海：上海人民出版社，2000：P11．

[4]王德胜．文化帝国主义：全球化的陷阱[J]．东方文化，2000（05）：36—41．

不断涌现；在文化层面，跨国公司将不同文化背景的人整合到“同一个屋檐下”，文化冲突在所难免；在生态环境层面，跨国公司的跨国生产经营活动也需要对全球变暖、物种入侵以及生态环境破坏等全球和地区问题负责；在法律层面，跨国公司有意或无意的违法、违规行为往往引起东道国乃至国际社会的深恶痛绝。正因为如此，反全球化现象一度出现，这对全球化进程的进一步向前迈进显然是不利的。这样，如何在推进全球化以发挥其有利作用的同时降低乃至最终规避全球化进程可能造成的负面影响，就成为摆在人们面前无法回避的问题。

跨国公司是全球化进程的主体，也是全球化进程的受益者，随着全球化进程的不断推进，跨国公司在社会与经济中的影响力迅速增强，2010年按照国民总值和公司年销售收入来衡量的全世界最大的100个经济实体中，只有54家为国家，其余的则是大公司，大公司占到全世界最大的100个经济实体的比例为46%[1]。与此同时，全球化不断压缩政府权利空间，使得权利不断分散化，政府权力的衰退[2]，导致许多国家政府无法自行解决的问题出现。在此背景之下，全球化进程中企业公民话题应运而生。

一方面，跨国公司的经济实力使其能够在政府权力弱化的情况之下发挥更大的建设性作用；另一方面，全球化弊端与跨国公司生产经营活动的关联性也要求跨国公司承担起相应的企业社会责任。基于此，为应对全球化背景之下所出现的弊端，作为全球企业社会责任运动的最主要的操作形式之一，“企业生产守则运动”开始逐渐演变成一股世界性潮流。“企业生产守则运动”又称“企业行动规范运动”或“工厂守则运动”，起源于20世纪90年代初期由美国劳工和人权组织针对成衣和制鞋业所发动的“反血汗工厂运动”[3]，是由劳工组织、消费者团体、人权组织和环保组织等（NGO/NPG）所发起，并与劳工

[1]根据《财富》杂志公布的“世界500”强数据(http://www.fortunechina.com/fortune500/c/2010-07/09/content_38195.htm)，以及世界银行的数据(http://search.worldbank.org/data?qterm=GDP&language=EN)计算而得。

[2]约翰·纳斯比特．世界大趋势:正确观察世界的11个思维模式[M]．北京：中信出版社，2010：P121．

[3]因利用“血汗工厂”制度生产产品的美国服装制造商Levi-Strauss被新闻媒体曝光后，为挽救其公众形象，制订了第一份公司生产守则。在劳工和人权组织等（NGO/NPG）和消费者的压力下，许多知名品牌公司也都相继建立了自己的生产守则。

运动、人权运动、消费者运动、环保运动互相联系应援，它要求公司尤其是跨国公司等企业，必须以国家劳工标准为依据来制订和实施工资、劳动时间、安全生产等劳工标准，直接目的是促使跨国经营的企业履行自己的社会责任。企业的生产守则最初是在劳工组织和消费者的压力之下，跨国公司为保持企业形象而设立的有关企业内部劳动标准方面的规则，其目标着眼于改善劳工的工作和生活状况，属于企业自律性规则。显然，这种企业自身制订的生产守则势必不会对其经济利益造成危害，在一定程度上必然要服务于其自身商业利益，希冀对其实施状况及成效进行社会监督并不现实。在这种情况下，在多方力量尤其是国际组织（比如劳工组织、人权组织等）的推动之下，“生产守则运动”开始由跨国经营的企业自我约束的内部生产守则向接受社会监督的“外部生产守则”转变。这些“外部生产守则”要求企业按照国际劳工标准制订“工厂守则”或“生产守则”，并接受对其劳动标准的实施状况进行第三方社会监察和认证组织的监察和认证。据经济合作与发展组织（OECD）统计，截至2000年，全球共有246个生产守则，除118个是由跨国公司自己制订的之外，其余的均由商贸协会或多边组织或国际机构制订，其中92个是由行业协会和贸易协会制订，32个是由NGO/NPO制订，4个是由国际组织制订。

“企业生产守则”及随之而来的“外部生产守则”的制订标志着企业公民在欧美发达国家兴起后开始进入全球视野，全球化进程中的企业公民开始被提出。如今，全球企业公民已由当初处理劳工冲突和环保问题为主，上升到企业实施企业社会责任战略、提升全球国际竞争力的阶段，全球化进程中企业公民必将迎来其全球背景的发展之路。

第三节　企业公民与包容性增长

一、企业公民与包容性增长研究的角度

企业公民是企业社会责任领域新近出现的术语，从理论上来看，笔者认为较企业社会责任、企业伦理等企业社会责任领域的词汇，企业公民是一个内涵更为丰富的概念。不过，在实践中，除了企业公民本身的称谓更易于为企业所接受之外，企业公民的实践内容与企业社会责任、企业伦理的实践内容别无二致。对于包容性增长，笔者通过从国际和国内两个层面对于包容性增长的理解，认为可以从空间范围和包容性增长的内涵的狭义与广义两个维度将包容性增长分为六个类别。基于此，对于企业公民与企业包容性增长的研究视角，笔者认为可以从两个层面六个方面进行分析。

（一）企业层面研究视角方面

具体来看，两个层面的研究视角是指企业层面和企业外部层面（国家和国际层面）。在企业层面，狭义的研究视角是指企业包容性增长关注企业在发展壮大的过程中，要通过企业公民的实践增进企业员工、股东等内部利益相关方以及供应商、客户等外部利益相关方的经济福利，也就是说企业包容性增长关注企业公民实践来增进其利益相关方的经济福利，要求企业重视通过企业公民实践来增进企业利益相关方的经济福利。换一个角度来看，企业通过企业公民实践，促进了其利益相关方的经济福利，这本身是对企业包容性增长的体现，也就是说提高利益相关方经济福利的企业公民实践体现了企业包容性增长。广义的研究视角是指企业包容性增长关注企业在发展壮大的过程中，要通过企业公民实践增进企业员工、股东等内部利益相关方以及供应商、客户等外部利益相关方的经济福利以及社会和环境等非经济方面的福利。狭义的研究视角和广义的研究视角都可以分为两个角度，狭义的研究视角也关注企业公民实践所促进的企业利益相关方的社会和环境福利，只不过狭义的研究视角视提高企业利益相关方的社会和环境福利作为提高其利益相关方经济福利的手段，而广义的研究视角所陈述的社会和环境等非经济福利本身就是企业包容性增长所要求的企业公民实践内容。

（二）企业外部层面研究视角

企业层面对于企业公民与包容性增长的研究视角认为，企业层面的企业公民实践本身是对企业层面包容性增长的体现，企业层面的包容性增长要求企业公民实践增进企业利益相关方的福利。企业外部层面包括国家层面和国际层面两个方面，无论是国家层面的包容性增长，还是国际层面的包容性增长，企业公民实践都是其重要的组成部分，都是推动国家层面和国际层面包容性增长的一股重要力量。在国家层面，在一国内部正式登记注册的企业是一国企业公民实践的主体；在国际层面，跨国公司是国际企业公民行动的主体。如此一来，国家层面的包容性增长需要依托国内企业的企业公民实践，一国企业的企业公民实践促进了国家层面的包容性增长并成为国家层面包容性增长的重要组成部分；国际层面的包容性增长需要依托跨国公司的国际企业公民实践，国际企业的企业公民实践促进了国际层面的包容性增长并成为国际层面包容性增长的重要组成部分。具体来看，从国家层面来看，狭义的国家包容性增长要求国家经济的发展惠及全体国民，消除国内绝对贫困现象。由于企业是国民经济的微观主体，所以国民经济的发展主要靠企业来拉动，国民经济的发展成果也需要靠企业拉动就业来惠及广大国民。如此一来，国家层面的包容性增长就需要借助于企业拉动就业、提高员工的工资水平等企业公民实践来实现。换一个角度，企业通过促进社区的发展、捐赠贫困群体等企业公民实践，直接增加了贫困地区、弱势群体的经济实力，提高了他们的收入水平，这就直接促进了国家层面狭义的包容性增长。

广义的国家包容性增长不仅要求一国经济的发展惠及全体国民，而且还要求社会公平、社会正义等，也就是一国和谐社会所要求的内容。和谐社会的建设需要企业的参与，并依托企业的企业公民实践更好地促进和谐社会的建设；企业救助残疾人、平等雇佣、保护环境等企业公民实践本身就是和谐社会的有机组成部分。从国际层面来看，狭义的国际包容性增长主要是经济全球化带来的经济成果要惠及所有的国家，发达国家与发展中国家之间的经济差距不断缩小而不是不断扩大。跨国公司是经济全球化的推动力量，跨国公司通过公平贸易等企业公民行动促进国际之间公平贸易的形成，是狭义的国际层面的包容性增长的重要依托。跨国公司通过在东道国的企业公民行动，带动当地经济的起飞，在客观上提高了所在国在国际上的经济影响力，促进了国际层面的包容性增长。广义的国际包容性增长不仅要求经济全球化所带来的经济成果惠及所有的参与国家，而且，包容性增长还必须包括国际之间生态环境的保护、发展中国家国民素质的提高和能力的增强、各国文明之间的相互借鉴和和平共存等，这也是我们所提倡的和谐世界的构想。跨国公司通过在当地开展企业公民实践，比如包容不同文明、保护当地的生态环境等，是国际层面包容性增长的重要体现和依托，而且，这种国际企业公民的实践也成为和谐世界建设过程中的重要组成部分。

显而易见，如果说企业层面研究视角是企业层面包容性增长与企业公民之间的直接研究视角，那么企业外部层面的研究视角，就是国家层面包容性增长或国际层面包容性增长与企业公民或国际企业公民之间的间接研究视角。

二、有利于包容性增长的企业公民行动

由对于企业公民与包容性增长的研究视角的分析可以看出，企业层面和企业外部层面包容性增长对于企业公民行动的基本要求是不同的，也就是说，企业公民在企业层面和企业外部层面所要解决的包容性增长问题是不同的。在企业层面的企业公民要解决的是企业包容性增长的问题，也就是与企业紧密相连的利益相关方相关的问题；在企业外部层面的企业公民要解决的问题，更多的是国家层面或国际层面的包容性增长的问题，也就是说是企业的外部问题。

（一）有利于国际层面包容性增长的企业公民

1．推进狭义包容性增长的企业公民

国际层面包容性增长与企业公民之间关系的研究视角属于企业外部层面的研究视角。国际层面包容性增长需要依托跨国公司的企业公民实践，跨国公司的企业公民实践可以推动国际包容性增长的发展。在狭义的包容性增长方面，跨国公司三个方面的企业公民实践可以推进狭义的国际包容性增长。

具体来看，首先，跨国公司可以通过公平贸易来提高低收入国家的收入水平。在国际经济关系中，富裕国家与低收入国家所处的经济地位是不同的，富裕国家的企业依托其强大的竞争力，对低收入国家的产业造成巨大的竞争压力，低收入国家往往依托其基础产业（比如农业）的出口来换取外汇，避免国际收支差额的进一步拉大。但是，即便如此，由于贫困国家往往产业结构雷

同，集中于低端产业，导致它们之间的恶性竞争，这种竞争使得跨国公司可以压低来自低收入国家的产品价格，限制了低收入国家收入的增加，导致贸易的不公平，国际之间贫富差距拉大，这不符合国际层面的包容性增长。跨国公司通过公平贸易，不仅不以自身的竞争势力压低来自低收入国家的产品价格，而且，还根据低收入国家所生产产品的实际成本，给予低收入国家合理定价。如此一来，跨国公司通过公平贸易履行社会责任，提高了低收入国家的整体收入水平，促进了国际层面的包容性增长。

其次，跨国公司可以通过本地化就业推动国际层面的包容性增长。经济发展的成果最终具体落实到企业为员工创造的就业机会上面，国际层面的包容性增长最终得以实现，其中一条重要的途径就是跨国公司通过国际化经营为东道国创造就业机会。通过为东道国尤其是劳动力成本相对较低的低收入国家创造大量的就业，东道国经济得以发展，并且以经济成果惠及当地居民的方式缩小与富裕国家之间的差距，实现国际层面狭义的包容性增长。

最后，跨国公司还可以通过国际慈善等国际企业公民实践的方式促进国际经济包容性增长。跨国公司通过慈善事业给予低收入国家的低收入群体经济资源，可以直接减缓当地的贫困，直接缩小国际之间的贫富差距，从而实现国际层面的包容性增长。不过，较公平贸易和本地化就业等国际企业公民的实践，跨国公司通过国际慈善所要达到的国际层面的包容性增长缺乏持久力。

2．推进广义包容性增长的企业公民

在广义的包容性增长方面，跨国公司的东道国员工培训、平等雇佣、尊重文明多样性等国际企业公民的实践活动，可以推进国际层面的广义的包容性增长，国际层面的广义包容性增长也可以依托跨国公司在东道国的员工培训、资助低收入国家教育科研、支持文明多样性等国际企业公民的实践活动得以实现。

具体来看，国际之间的差异性是一个不争的事实，经济差距的一个重要方面就是富裕国家较低收入国家具有熟练的高素质的劳动力，因此，提高低收入国家的人力资本就可以促进低收入国家的经济发展，提高低收入国家的经济发展水平。在国际层面的广义包容性增长方面，提高低收入国家人们的人力资本，进而缩小其与富裕国家人们之间的人力资本差距，这本身就是实现国际层面的包容性增长的一个重要维度。因此，跨国公司在低收入国家经营业务，通过对低收入国家的员工进行业务或管理培训，就可以直接提高低收入国家的员工所具有的人力资本，缩小其与富裕国家人力资本之间的差距，实现国际层面广义的包容性增长。

另外，国际层面的包容性增长还需要体现在国际之间，尤其是富裕国家与低收入国家之间的教育科研水平之间的差距，跨国公司通过资助低收入国家的教育科研，可以显著地提高东道国的教育水平和科研水平，缩小国际教育科研之间的差距，实现国际层面的广义的包容性增长。世界文明的多样性是全世界人民的共同财产，企业通过支持不同文明之间的对话交流，可以减少不同文明之间的误解和冲突，实现不同文明之间的学习和取长补短，进而实现世界的和谐稳定，促进国际层面的包容性增长。正如2012年7月7日，时任副主席的习近平在“世界和平论坛”开幕式的致辞中所指出的，“一个国家要谋求自身发展，必须也让别人发展；要谋求自身安全，必须也让别人安全；要谋求自身过得好，必须也让别人过得好”[1]，要让别人发展、别人安全、别人过得好，跨国公司通过国际企业公民实践促进国际层面的包容性增长是一支重要的力量。

（二）有利于国家层面包容性增长的企业公民

1. 推进狭义包容性增长的企业公民

在推进国家层面的包容性增长方面，企业可以通过捐赠贫困地区、在经济落后地区开展公司业务、开展对口支援等企业公民实践促进国家层面狭义的包容性增长。具体来看，在捐赠贫困地区方面，国内企业利用其拥有的资源，通过捐助贫困地区的企业公民的实践，可以直接提高当地的收入水平，缩小当地贫困地区人们与富裕地区人们之间的收入差距。对于整个国家来说，企业通过捐赠履行企业公民的义务就减缓了国内的贫困状况，缩小了整个国家范围内的地区差距，有利于国家层面的包容性增长。在市场经济条件下，企业是组织资源进行生产的微观主体，也正是企业的生产经营活动使得一个地区摆脱贫困、走入富裕。企业通过在一国的贫困地区开展业务，可以扩大当地的就业，一方面使得传统依靠农业为生的农民可以转移到收入水平更高的行业，另一方面公

---

[1] 习近平．携手合作共同维护世界和平与安全——在“世界和平论坛”开幕式上的致辞[EB/OL]．http://news.xinhuanet.com/politics/2012-07/07/c_112383083.html，2012-07-07/2012-07-07.

司通过在贫困地区就业市场中的竞争，提高当地的工资水平，这两个方面都可以提高贫困地区的收入水平，在国家层面缩小与富裕地区的收入差距，推进国家层面的包容性增长。

2. 推进广义包容性增长的企业公民

在推进国家层面广义的包容性增长方面，企业可以通过贫困地区员工交换、支持落后地区的科研教育事业、响应贯彻国家的对口支援计划、保护贫困地区的环境等企业公民实践促进国家层面广义的包容性增长。具体来看，所谓贫困地区员工交换是指公司制订贫困地区的员工与公司在经济发达地区的员工定期交换制度，通过定期交换学习，贫困地区的员工可以扩大视野，提高应对各种问题挑战的能力，提高自身的人力资本水平，从而缩小一国不同地区的人力资本差距，促进该国包容性增长的实现。在保护贫困地区的环境方面，贫困地区大多处于山区、高原等交通不便利的地区。“上帝对于所有的子民都是公平的”，这些贫困地区往往又蕴藏着巨大的矿产资源，因此，开发自身所蕴含的资源储量成为带动落后地区经济发展的重要措施。但是，从另外一个方面来讲，这些地区的生态环境往往非常脆弱，在开采资源的过程中如果不注重生态环境的保护不仅会造成巨大的生态危机，有时甚至可能导致政府、企业、群众三者矛盾的爆发，不仅不利于当地经济的发展以及企业的做大做强，而且会对国家层面广义的包容性增长造成巨大的打击。因此，企业要通过企业公民实践，致力于保护贫困地区的生态环境，推进国家层面广义的包容性增长。对口支援主要是指由一国中央政府发起的、地方政府和企业参与的支援经济不发达地区的一种政策性行为，要想使得一国的对口支援政策取得成功，企业的积极参与必不可少。对口支援缩小了一国落后地区与先进地区在经济、社区建设、医疗、教育等各个方面的差距，推动一国包容性增长，企业通过履行企业公民的责任，积极参与其中，成为一国包容性增长得以实现的重要力量。另外，企业还可以通过支持贫困地区的教育事业来改善贫困地区与发达地区、贫困人群与富裕人群、城市与农村的教育资源分配不均、不合理的状况，使得一国经济增长成果通过企业履行企业公民责任，重新在教育方面进行分配，进而惠及“边缘”人群，提高一国增长的包容性。最后，金融性企业还可以积极响应国家的小额信贷政策，通过为小微企业、贫困地区人群等信用资历低的法人、自然人提供急需的贷款，为他们改善境况注入资金、提供信贷支持。

（三）企业层面包容性增长的企业公民

1. 狭义包容性增长的企业公民

企业层面的包容性增长是指企业在发展壮大的过程中要促进企业利益相关方的利益，狭义的企业层面包容性增长主要是促进企业利益相关方的经济利益。与国家层面和国际层面的包容性增长之间的关系的研究视角不同，企业包容性增长需要通过企业公民实践来完成，企业公民实践的结果也就是企业包容性增长的实现。从公司层面狭义的包容性增长角度来看，包容性增长要求企业履行企业公民责任，进行困难员工帮扶实践、促进地区经济发展、建立和谐的供应链关系等。

具体来看，企业困难员工帮扶是指企业对家庭暂时面临困境的员工进行帮助，使其能够渡过所面临的经济困难。企业困难员工帮扶是企业公民责任的重要实践，企业通过困难员工帮扶行动，为当事员工提供资金支持，使得公司发展壮大过程中的成果可以更多地惠及需要帮助的员工，这本身是企业包容性增长的重要方面。所以，企业通过企业公民实践进行企业困难员工帮扶，成为企业包容性增长的重要组成部分。在促进地区经济发展方面，企业通过自身的生产经营活动，一方面促进了当地的就业，通过工资发放的方式提振了当地的消费；另一方面公司通过自身的税收缴纳提升政府的财政收入，为政府进行当地的投资提供资金。这两个方面在企业的生产经营活动之外进一步促进了当地的经济发展，是企业履行社会责任的体现，这也是企业包容性增长的重要体现。供应链是企业与企业的供应商和顾客在经济交往过程中所形成的链式关系，核心企业建立和谐的供应链不仅可以创造和谐的商务环境，而且还是核心企业企业公民行为的重要体现。核心企业通过构建和谐的供应链关系，一方面，与供应商共同应对风险，提高了供应商应对危机的能力，提高了供应商获得经济利润的可能性，使供应商避免了不必要的遭受损失的风险；另一方面，核心企业还可以通过提高销售给客户的产品的价值，为顾客提供物美价廉的产品。核心企业构建和谐供应链的两个方面的成效，均对供应商或者客户经济利益的提高起到促进作用，促进了企业的包容性增长。

2. 广义包容性增长的企业公民

企业层面广义的包容性增长，要求企业在发展壮大的过程中不仅要提高其利益相关方的经济利益，而且还需要把其利益相关方的非经济福利作为实现企业层面包容性增长的有机组成部分。不难看出，广义的包容性增长的要求正是企业履行公民责任的重要内容，企业公民实践的结果体现了企业广义的包容性增长。一般来说，企业可以通过建立绿色供应链、员工培训、客户教育、依法纳税等多种企业公民实践，实现企业层面的包容性增长。

具体来看，核心企业通过建立绿色供应链，不仅使自己变得资源节约和环境友好，而且还使与其具有投入、产出关系的企业能够做到节能环保，这是企业公民实践履行对环境责任的重要方面，使得企业在发展壮大的过程中可以不以牺牲环境为代价，从而做到包容性增长。在员工培训方面，企业通过进行员工培训，履行对员工的责任，提高员工所具备的人力资本水平，增强企业员工的就业能力和雇佣能力，使员工可以与企业一起成长、共同进步，员工也随着企业的成长壮大而变得更具适应性。客户是企业的重要利益相关方，离开了客户，任何企业都无法生存，企业的生存、发展和壮大与客户群的拥有、增加和升华密不可分。企业进行客户教育，不仅是为了培养客户、巩固客户群，而且还是为了客户与企业共同成长的需要。客户教育使得企业拥有越来越多的“高素质”的客户，是企业增长过程中更具包容性的直接体现。依法纳税是企业作为企业公民必须履行的法律责任，是企业基本的社会责任。企业的发展壮大也伴随着自己纳税义务的提升，税收是国家财政收入的主要来源，国家财政收入的增加是政府作为企业的利益相关方在企业的发展壮大的过程中获得“福利”的体现，表征着企业的增长是具有包容性的增长。

第四节　案例分析

在本节，我们将精选外资、民营和国有企业中优秀的企业公民实践案例，其中外资企业我们选取的是沃尔玛支持“全球农业可持续发展”的企业公民实践，民营企业我们选取的是华为公司“消除数字鸿沟”的企业公民行动，国有企业我们选取的是中国石化公司的“济危助困”善举。这些善举是企业作为企业公民应履行的责任和应当承担的义务，也是包容性增长所依托和体现的企业行为。

一、沃尔玛支持“全球农业可持续发展”[1]

2010年10月14日，沃尔玛宣布了加速其全球农业可持续发展的计划。这项战略旨在依靠直接将农民与市场挂钩，从而减少供应链中产生的食品浪费，激励这些农民以更少的投入获得更多的产出，负责任地采购主要农产品。沃尔玛的主要承诺包括：在接下来的五年中，向新兴市场中的100万个中小型农户采购，最终卖出价值10亿美元的食品，并帮助本地采购果蔬的销售翻一番，增加全美国沃尔玛门店在精选谷物上的采购量，向全球生鲜供应链投入超过10亿美元。同时沃尔玛也将不断助力当地经济增长，令全球的沃尔玛顾客都能持久的享受到高品质低价的新鲜食品。为此沃尔玛采取了以下三个方面的举措。

（一）支持农民及其所在社区

沃尔玛的方案是帮助中小型农户扩大生产，在提高收入的同时减少农耕活动对环境的影响。在新兴市场中，沃尔玛会帮助那里众多的中小农户通过以下方式进入市场：从100万个中小型农户手中采购，最终卖出价值10亿美元的食品；为100万农民和农业工作者提供培训——其中有一半的人数预计都是女性——培训领域将涉及作物精选/改良与可持续的耕作；帮助中小型农户供应商使其收入提高10%至15%。在美国，沃尔玛的工作重心将是增加店内出售的果蔬中属于本地采购的那部分数量。他们的目标是到2015年底，将本地采购果蔬的销量翻番。

---

[1]案例来源：沃尔玛中国企业社会责任与可持续发展报告（2011—2012），P14-15.

（二）拓展农作物品种，满足市场需求

中美洲有着广袤的土地，农民众多。沃尔玛只要比以往多做一些，只需为他们提供一点教育和资金支持，那里的农民们就会充分利用这些机会，为当地整个地区生产并提供品种十分丰富的水果、蔬菜和粮食。

通过Tierra Fértil（肥沃的土地）项目，沃尔玛继续为哥斯达黎加、尼加拉瓜、洪都拉斯、危地马拉及厄瓜多尔的农民提供支持，帮助他们丰富粮食品种以真正满足市场需求。公司派出农业专家组为当地农民提供咨询服务，包括种子和作物质量、培土、产量、成熟期、安全性以及如何更负责任地使用农用药剂、轮耕的方法等等。

这个项目已经帮助支持了超过2200个农民，并通过采购总额超过11亿比索（相当于逾9000美元）的水果、蔬菜及粮食，帮助16600多个中美洲家庭提高了生活质量。除了创造了经济效益及社会价值，相关的顾问、培训以及流程方法也为沃尔玛的商店保证了高品质的产品供应。当地生产的发展，也因产品进入市场的时间缩短而减少了温室气体的排放。

（三）全球发展

在印度，沃尔玛自2008年12月创立了农超对接项目，该项目现已成功扩展到800个印度农民，巴帝沃尔玛已于2010年将这种模式推广到德里、北方邦、马哈拉施特拉邦。到2010年底，在沃尔玛巴帝店内出售的蔬菜中约有15%来自于农超对接项目。通过这个项目，沃尔玛直接同当地农民开展合作，帮助他们培育出安全而高质量的时令性蔬菜。为了提高质量并减少污染，农业种植专家亲自走访观察作物的各个生长期，从土地的整平，苗木护理、移植，到施肥管理、收割乃至收割后的管理。沃尔玛巴帝这个项目为零售商店提供了高品质的新鲜果蔬，同时通过更好的农作业实践，为当地农民提高了收入。

在巴西，通过沃尔玛巴西生产制造者协会（Clube dos Produtores），沃尔玛同众多国内中小农户洽谈。到2010年底，该协会已吸纳来自巴西11个州300多个城市的8400名生产制造者。他们是被甄选出来并接受特别保护的，以确保遵守劳工法及环保标准。在这里，不仅这些生产者、制造者能够不断得到直接的商业先机，沃尔玛的顾客还获得了更新鲜、更便宜的本地果蔬。

二、华为“消除数字鸿沟”[1]

消除数字鸿沟的目的是在发展中国家/地区发展高效通信网络，让更多的人接入通信和信息系统，更好地实现信息资源的分配。为了实现此目标，华为长期在发展中国家/地区扩大通信网络覆盖范围，提供当地技术人员、人才的培训机会等方面不断努力。为了持续地发挥通信的影响力，消除数字鸿沟产生切实影响，华为消除数字鸿沟的行动主要聚焦在技术、资金和知识传递三方面，这三者相辅相成、互相促进。

（一）技术行动

华为消除数字鸿沟的第一个举措是，通过技术创新降低网络成本，提供客户化的解决方案，从而使得运营商在偏远地区成功运营。新兴市场的边远地区，许多农村居民由于缺乏信息接入的方式，无法融入正常的经济生活。Phone Lady举措，主要是解决UAS（普遍接入）电话的困难，促进农村地区的居民可以与亲人、朋友、农贸伙伴进行通信。为此，华为与孟加拉当地最大的运营商合作，实施Phone Lady和建设Communication Information Center（通信信息中心）等项目，来解决UAS电信问题。在Phone Lady项目中，该运营商在农村地区签约了大量业主（大部分是妇女），由业主拥有并运营移动通话设备，当地银行提供小额贷款，运营商提供操作和计费培训。

Phone Lady项目以移动服务的方式解决了通话的问题，取得了成功，在此基础上，运营商与华为进一步将UAS拓展到信息服务，即Internet以及相关的信息服务，当地人称之为“CIC”。在CIC计划项目中，该运营商在当地寻找了农村的集体单位以及一些业主，建设Communication Information Center（通信信息中心），简称“CIC”，这个信息中心由业主拥有并独立运营。CIC作为客户服务中心，提供付费电话、电子充值、打印、扫描、复印等服务。同时作为信息中心，提供及时的通知与新闻诸如农产品价格、政府网站信息、求职信息等，使得边远地区的人们可以融入正常的经济生活，找到工作，获得农产品信息，提高农民的收入。

[1] 案例来源：华为官方网站，http：//www. huawei. com/cn/about-huawei/corporate-citizenship/bridging-the-digital-divide/index. htm.

华为作为该运营商的战略合作伙伴，在这些项目的实施中全程提供了网络支持。除了提供网络设备以外，还积极地根据这个项目所需的业务特性提供定制服务。整体网络也采用绿色技术，一方面是由于绿色能源的采用，使其在缺电的农村地区能够实现覆盖，另一方面是使得商业更可持续发展。Phone Lady项目效果很好，该运营商在移动服务方面获得了很好的商业回报。Phone Lady项目雇用超过280000人业主的平均收入明显高于孟加拉人均收入的3倍。该项目提高了农村地区的就业率并改善他们的生计，也创造了深远的社会效益——农村地区现在能够接入通信与信息相关服务带来的优势。

（二）资金支持

华为消除数字鸿沟的第二项举措为，通过财务方案（如企业捐赠等）帮助缺乏资金的当地政府和运营商发展电信网络。国家宽带网（NBN）能大大加强国家竞争力。多种研究表明，国家宽带网络对一个国家的经济发展有明显的刺激作用。根据世界银行2009年的统计，在发展中国家，国家宽带渗透率每提升10%，可以为国家带来1.38%的额外GDP（国内生产总值），因此，国家宽带网络融资成为世界各国较为普遍的国家刺激政策。而这些政策正好在2008年全球经济危机以后的这段特殊时期中，为消除全球信息鸿沟起到关键作用。华为积极地参与了国家宽带网络的建设，在引进融资、提供创新解决方案降低初始成本等方面做出了自己的努力。广泛的产品、服务以及解决方案，使华为站在协助各国实施国家宽带网的最前沿。

（三）知识传递

最后，华为还通过在发展中国家/地区建立培训中心、联合教学等，培育当地专业人才，实现知识的传递，增强当地人们实现数字化社会的能力，实现消除数字鸿沟的目标。比如：为俄罗斯圣彼得堡邮电大学捐赠设备并建立联合实验室；每年培训250名大学生在印度继续开展E-HOPE项目；向老挝政府捐赠电脑与办公设施，以改善北部发展中地区学校办公水平；在白俄罗斯国家高等通讯学院成立培训中心并设立基金，鼓励和支持优秀大学生；全球高校优秀学生赴华为工作体验项目等。

除了长期在发展中国家/地区扩大通信网络覆盖范围、提供当地技术人员、人才的培训机会等方面做出努力外，华为还通过提供终端产品与服务、智能城市解决方案等，让更多的人享受通讯的便利，拉近人与人、人与世界的距离，丰富人们的沟通和生活。

三、中国石化“济危助困”[1]

扶贫济困、义行天下，是增进社会团结的和谐之举。截至2011年，中国石化已经连续开展23年定点扶贫、9年对口援藏工作、8年投入健康快车工作，有力改善了当地民众生产生活条件，促进了当地经济社会的发展。2011年，在支援灾区重建、帮扶贵州抗旱等方面，中国石化更是主动承担起了一个国有企业应尽的责任和义务。

（一）支援贫困县

中国石化向对口扶贫县安徽颍上、岳西，湖南泸溪、凤凰4个国家级贫困县提供援助，在基础设施建设、培训劳动技能、发展教育事业等各个方面加大援助力度。2011年，中国石化在四个定点扶贫县共投入扶贫资金1280万元，实施了15个扶贫项目。其中：修建通村水泥路11条共52公里；完成劳动力转移培训1800人；资助家庭贫困的优秀大学生和高中生1257人；还完成了修建桥梁、建设人畜饮水项目、资助建设蔬菜大棚等扶贫项目。

（二）支援西藏

中国石化高度重视援藏工作，克服艰苦的自然环境，加大援藏力度。中国石化对口支援西藏班戈县9年来，共下派六批共12名援藏挂职干部，累计投入援藏资金超过1.84亿元（其中2011年2786万元），共实施完成了80多个援藏项目（2011年项目9个），有力促进了班戈县经济社会发展和民生改善。班戈县2010年生产总值达到3.14亿元，比援藏前的2002年增长147%；财政收入613万元，增长308%；牧民年人均收入3515元，增长142%。

---

[1] 案例来源：中国石化官方网站，http://www.sinopecgroup.com/shzr/shgy/fpyz/Pages/default.aspx.

基础设施建设是扶贫援藏的重中之重。中国石化修建的吉江扎西路和幸福路犹如两条玉带，贯穿班戈县城中心区。以安居工程为代表的一系列惠民工程遍布班戈草原，切实改善了牧民生活，截止到目前，已使5863户牧民群众住上了安全适用的房屋，6000多户牧民用上了安全环保的太阳能照明，完成了所有村级活动场所建设，保证全县四至六年级学生能集中统一教学的班戈县中石化小学已经建成，是迄今为止海拔最高的援藏小学。

培训，让贫困地区自我脱贫。中国石化按照“市场引导、着重素质、形成特色”的原则，将输血与造血相结合，围绕产业建设，广泛开展科技培训工作，收到了“一人培训、终生受益，一人务工、全家脱贫”的实效。2011年投入50万元左右，用于提高卫生、教育、兽医、职业技能以及干部的素质教育。

（三）健康快车光明行

眼睛是心灵的窗户！为了让贫困的白内障患者治好眼睛，打开心灵之窗，中国石化多年来持续投入“健康快车”事业，取得良好成效。

自2004年以来，中国石化对“健康快车”事业的贡献，可以用“1213”来概括：1列冠名火车、2万名痊愈患者、1个显微眼科手术培训中心和3所白内障治疗中心。全资捐建了一列价值3，000万、设备最先进、医疗条件最好的“健康快车”，该“健康快车”已开进新疆、甘肃、云南、内蒙古、青海、四川、西藏、贵州、吉林省、广西、河南等全国十几个省区的贫困地区，持续“光明之旅”，免费救治了2.1万多名贫困白内障患者。另外还帮助建设了1个显微眼科手术培训中心和3所中华健康快车白内障治疗中心，为当地民众留下了不走的“健康快车”。

（四）支援灾区

大力支援灾后重建。三年前，汶川“5·12”特大地震之后，中国石化庄重承诺：安置点建到哪里，天然气就供到哪里；重建机械开到哪里，汽柴油就供到哪里。三年来，中国石化加大勘探开发力度，修建供气管道，把天然气和油品送到灾后重建最需要的地方，为地震灾区捐款捐物合计3.08亿元，三年内向灾区供气总量达78.23亿立方米。在抗震救灾和灾后重建的新征途上，中国石化用实际行动履行承诺，温暖了巴蜀大地上的千家万户，为灾后重建和地方经济发展贡献了力量。

帮扶贵州抗旱救灾。2011年，贵州分公司对旱情最为严重的黔西、大方两县援助了2000升抗旱用柴油。同年，中国石化还向贵州省人民政府捐款700万元，重点帮扶受灾严重地区抗旱救灾，尽快恢复正常的生产生活秩序。

第二章
2011年中国企业公民报告分析

第一节　中国企业发布企业公民报告综述

截至2011年10月31日，中国社科院企业社会责任研究中心从企业官网、社会责任报告资源库等公开渠道获取了共771份2010年度中国国有企业、外资企业和民营企业的社会责任报告，排除外资企业发布的中文版全球报告26份、单向责任报告6份、分企业报告5份、5页以下的报告40份以及年份不详的社会责任报告4份，本研究以剩余的688份企业公民报告为对象，来考察中国2011年发布的企业公民报告的整体情况。

一、中国企业公民报告的数量特征

（一）中国企业发布企业公民报告的地区分布

1. 内资企业发布的企业公民报告占绝大多数

在2011年中国发布的688份企业公民报告中，内资企业发布的企业公民报告数量占绝大多数（643家），占比93.46%；外资企业发布的企业公民报告数量较少（仅45家），占比6.54%。

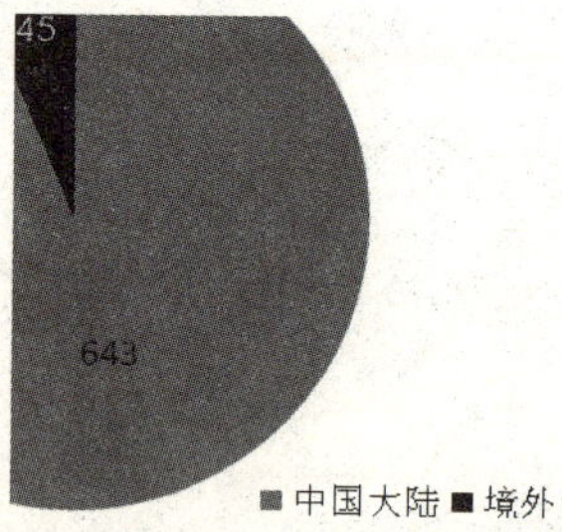

图2.1　2011年中国发布企业公民报告的企业内外资个数地理分布

2. 外资企业中，日韩企业发布的企业公民报告数量相对较多

将外资企业分为港澳台特区、中国台湾地区、日韩、亚洲其他国家或地区、北美洲、欧洲和大洋洲七个组进行分析，结果发现在2011年外资企业发布的45份企业公民报告中，日韩企业发布企业公民报告的数量最多（16家），占全部外资企业发布企业公民报告数量的35.56%，北美企业发布的企业公民报告数量位居其次（12家），占比24.44%。中国台湾地区、亚洲其他国家或地区以及大洋洲的企业发布的企业公民报告较少，分别仅有一家企业发布了报告，占比2.22%。另外，还有8家港澳特区的企业和7家欧洲地区的企业发布了企业公民报告，分别占比17.78%和24.44%。

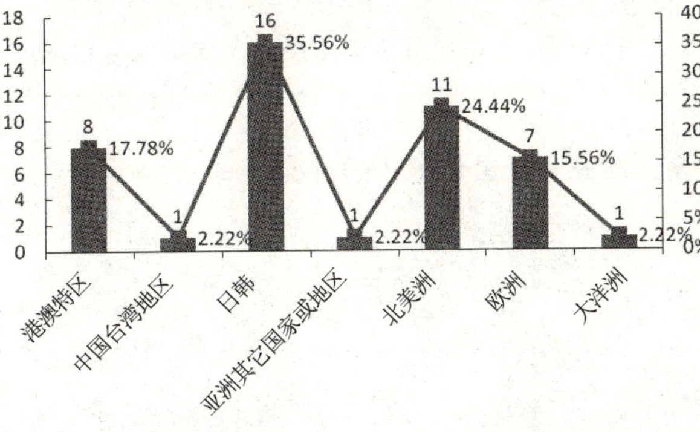

图2.2　2011年外资企业发布企业公民报告的地区数量分布

3. 内资企业中，处于华东地区的企业发布的企业公民报告数量最多

将中国的内资企业（除去香港特别行政区、澳门特别行政区和中国台湾地区）按照东北地区、华北地区、华东地区、华南地区、华中地区、西北地区、西南地区进行分类汇总，结果发现华东、华北、华南、华中、西南、西北、东北七个地区发布2011年企业公民报告的企业数量依次降低，其中华东地区发布企业公民报告的内资企业数量最多（238家），占全部内资企业的37.01%；东北地区发布企业公民报告的内资企业数量最少（仅23家），占比3.58%。在华北地区、华南地区、华中地区、西南地区、西北地区发布2011年企业公民报告的内资企业的个数分别有164家、86家、62家、45家和25家，分别占比25.51%、13.37%、9.64%、7.00%、3.89%。

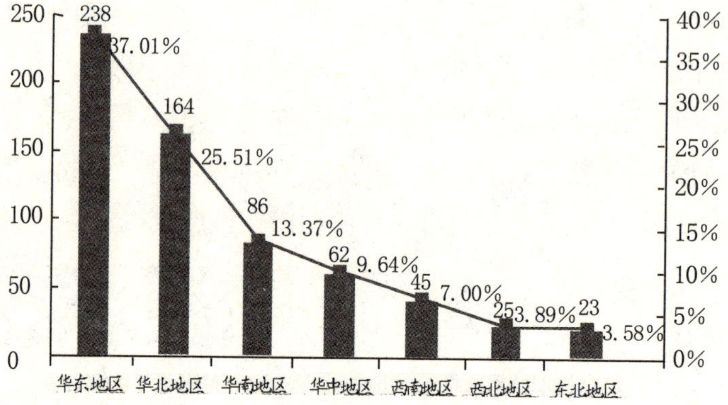

图2.3　2011年内资企业发布企业公民报告的地区数量分布

（二）中国企业发布企业公民报告的行业分布

2011年，发布了企业公民报告的中国企业分布于45个不同的行业。将跨行业企业所在的行业归为混业，我们发现，企业公民报告发布最多的行业为混业，即跨行业企业，跨行业企业共发布82份企业公民报告，占2011年所有行业发布企业公民报告数量的11.92%。其次为机械设备制造业，机械设备制造业发布了62份企业公民报告，占比9.01%。证券、基金等其他金融服务业、工业化学品制造业、医药生物制造业、金属冶炼及压延加工业、银行业、房地产开发业、电子产品及电子元件制造业以及电力生产业发布的企业公民报告数量均超过30份，占比分别为5.67%、5.52%、5.23%、5.09%、4.94%、4.65%、4.65%和4.36%。酒店业和文化娱乐业发布的企业公民报告最少，均仅有1家企业发布了企业公民报告，占比仅为0.15%，不足0.20%。另外，日用化学品制造业、木材加工与家具制造业、印刷业、废弃资源及废旧材料回收加工工业、旅游业、水的生产和供应业6个行业发布的企业公民报告数量也较少，分别仅有2家企业在2011年发布了报告，占比均为0.29%。

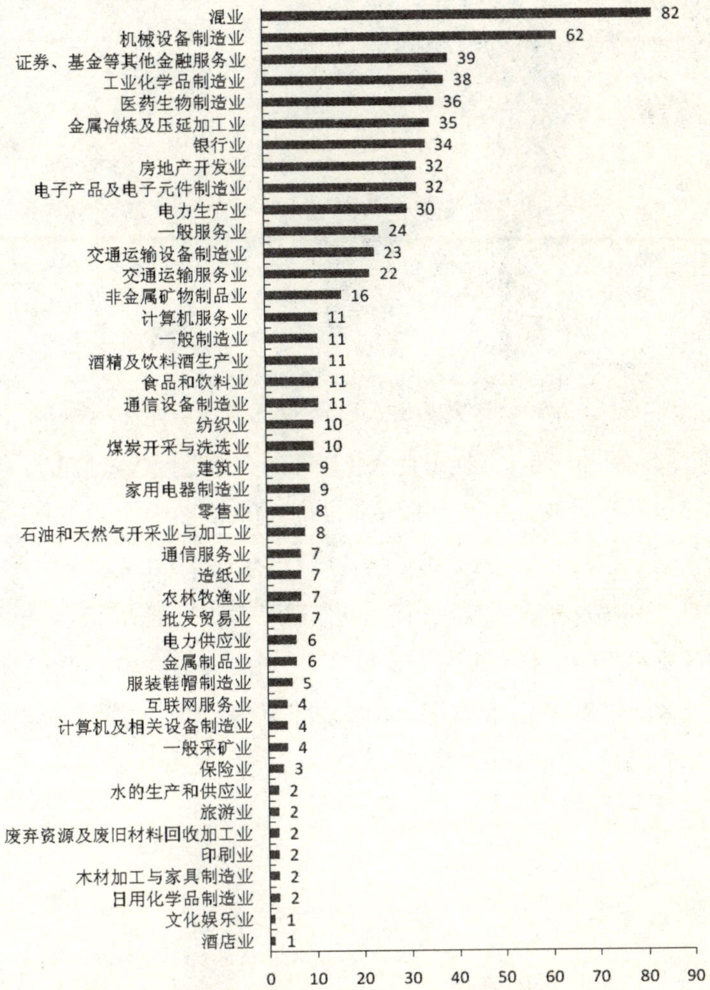

图2.4　2011年中国发布企业公民报告的行业分布

（三）中国企业发布企业公民报告所有制分布

1. 国有企业发布企业公民报告的数量最多

在2011年发布企业公民报告的企业中，国有企业最多（444家），占全部发布企业公民报告企业数量的比例超过50%，高达64.53%。发布企业公民报告的外资企业最少（52家），占比不到10%，仅为7.56%。发布企业公民报告的民营企业数量居中（192家），占比27.91%。

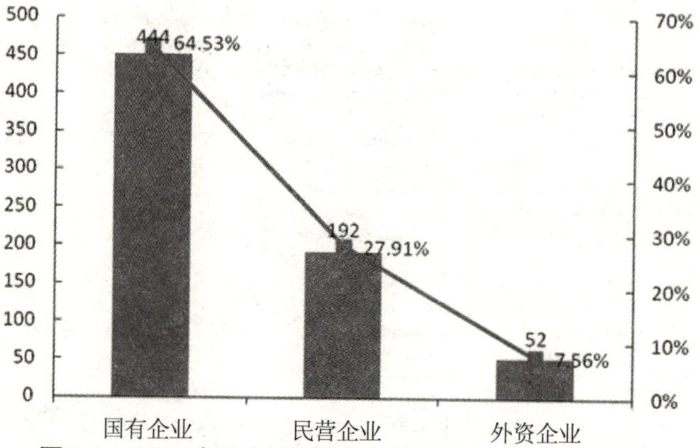

图2.5　2011年中国发布企业公民报告的所有制分布

2．在国有企业内部，其他国有企业发布的企业公民报告最多

在2011年发布企业公民报告的所有444家国有企业中，其他国有企业发布的企业公民报告数量最多，有323家其他国有企业在2011年发布了企业公民报告，占2011年全部发布企业公民报告的国有企业总数的72.75%。中央企业和国有金融企业发布的企业公民报告数量相差无几，国有金融企业仅比中央企业多一份企业公民报告，占全部发布企业公民报告国有企业数量的比例较少，不不超过15%，分别为13.74%和13.51%。

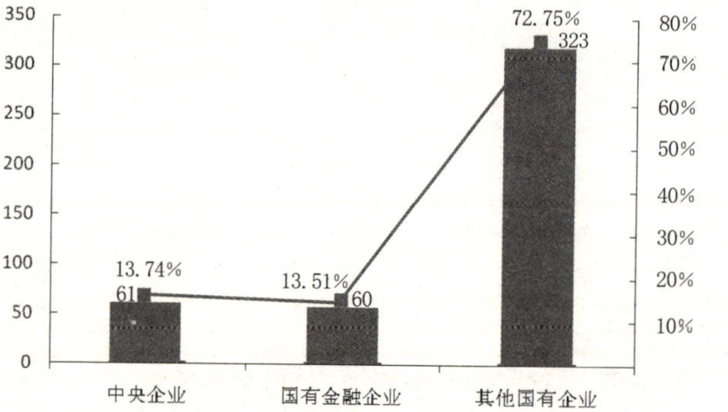

图2.6　2011年中国国有企业发布企业公民报告的分布

（四）中国企业发布企业公民报告上市与否分布

1．上市公司发布企业公民报告的数量高于非上市公司

2011年，在发布企业公民报告的688家企业中，上市公司发布的企业公民报告的数量占大多数，有522家为上市公司，占全部发布企业公民报告数量比例高达75.87%。非上市公司发布的企业公民报告占少数，仅有166家，占比24.13%。

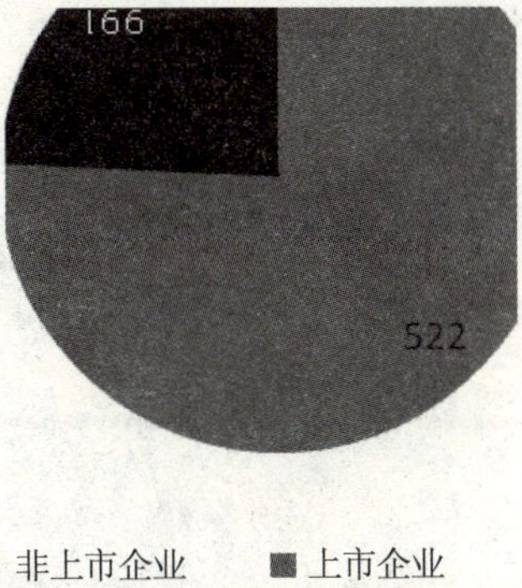

图2.7　2011年中国发布企业公民报告的企业上市与否分布

2. 上交所发布企业公民报告的上市公司相对较多

在2011年发布企业公民报告的600家上市公司中，上交所上市的公司占多数（304家），占全部发布企业公民报告的上市公司的比例超过50%，达50.67%。深交所发布企业公民报告的上市公司所占的比例居次（209家），占总数的比例为34.83%。海外上市发布企业公民报告的上市公司所占的比例最低（18家），占2011年发布企业公民报告上市公司总数的3.00%。另外，还有69家在港交所上市的公司发布了企业公民报告，占总数的11.50%。

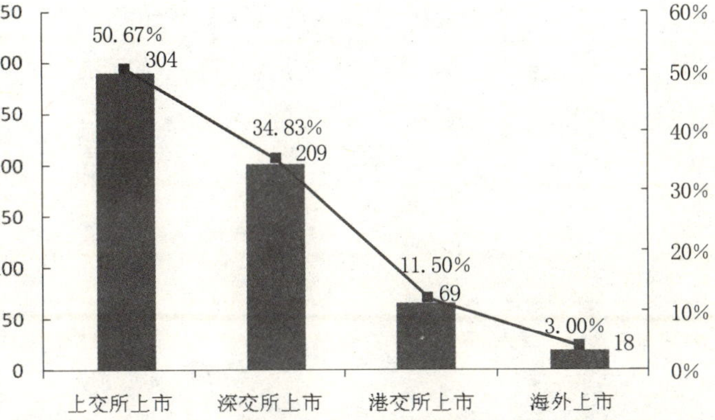

图 2.8　2011年中国发布企业公民报告的上市公司分布

（五）中国企业发布企业公民报告独立与否分布

在2011年发布的688家企业公民报告中，属于独立报告的占绝大部分，有682家企业发布的报告属于独立报告，占2011年发布企业公民报告总数的99.13%。另外，还有极少数企业发布的企业公民报告为非独立报告，有6家企业发布的报告属于非独立报告，他们一般以财务报告的附件形式发布，占总数的比例不足1%，仅为0.87%。

图2.9　2011年中国发布企业公民报告的附属与否分布

（六）中国企业发布企业公民报告的篇幅分布

在2011年发布的688家企业公民报告中，10页以下的报告最多（262份），占总数的38.08%。11—30页的报告数量居其次（225份），占总数的32.70%。111页以上的报告最少（7份），占总数的1.02%。在线版的企业公民报告居于次少，有8份企业公民报告是在线版的企业公民报告，占总数的1.16%。另外，页码处于31—50页、51—70页、71—90页和91—111页之间的企业公民报告数量依次降低，分别为74份、62份、35份、15份，占2011年发布报告数量的比例分别为32.70%、10.76%、9.01%、5.09%和2.18%。

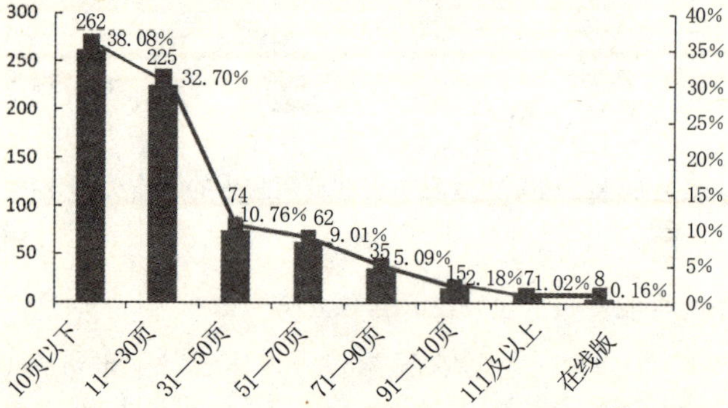

图2.10　2011年中国发布企业公民报告的篇幅分布

（七）中国企业发布企业公民报告的次数分布

在2011年发布的688家企业公民报告中，属于第3次发布企业公民报告的企业数量最多（358家），占总数的52.03%，超过一半。第1次发布企业公民报告的企业个数居于其次（122家），占总数的17.73%。仅有1家企业是第7次发布企业公民报告，7家企业第6次发布企业公民报告，他们分别占总数的0.15%、1.02%。另外，还有21家企业第5次发布企业公民报告、60家企业第4次发布企业公民报告，分别占总数的3.05%和8.72%。

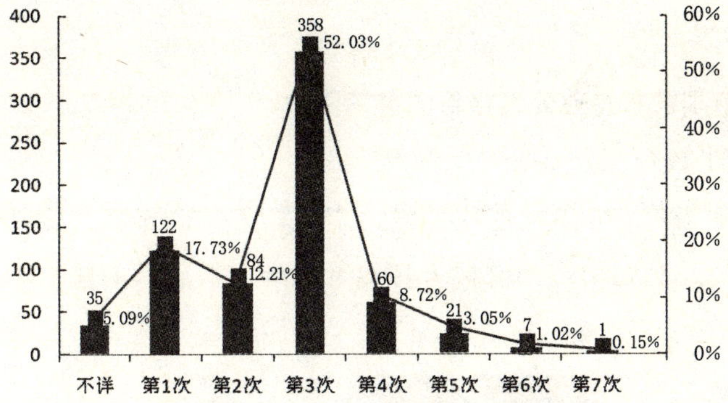

图2.11　2011年中国发布企业公民报告的次数分布

（八）中国发布企业公民报告的名称分布

2011年发布的企业公民报告可以大体分为四种称谓，分别为企业社会责任报告、可持续发展报告、企业公民报告和社会与环境报告，其中名称为企业社会责任报告的最多（646家），占全部报告的比例超过90%，为93.90%。其次为可持续发展报告（33家），占总数的4.80%。以企业公民报告和社会与环境报告称谓发布的数量分别有6家和1家，占总数的比例不足1%，分别为0.87%和0.15%。以其他称谓发布企业公民报告的企业数量有2家，占总数的0.29%。

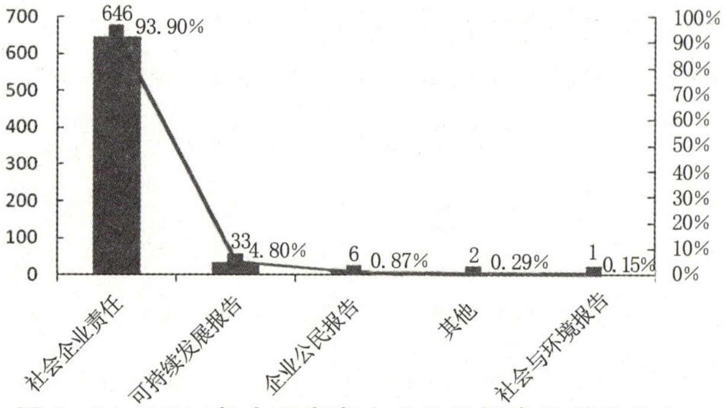

图2.12　2011年中国发布企业公民报告的名称分布

（九）中国发布企业公民报告的参考索引

1．超过半数企业公民报告没有参考标准

在2011年发布的688份企业公民报告中，有360份没有参考标准，超过半数，达到52.33%。有328份报告有参考标准，占总数的比例不足50%，为47.67%。

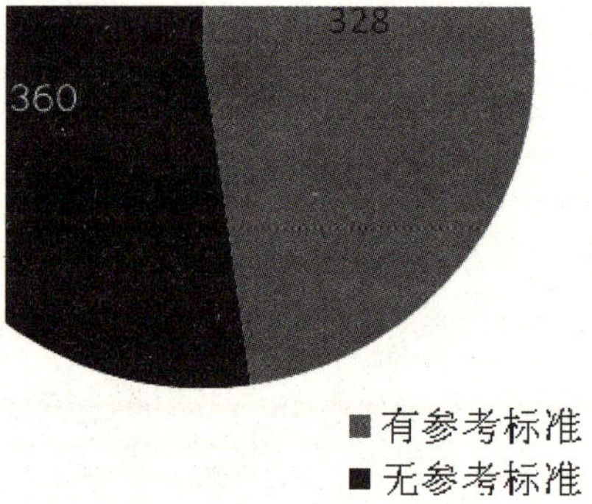

图2.13　2011年中国发布企业公民报告是否有参考标准分布

2．参考国内标准的企业公民报告较多

在所有具有参考标准的企业公民报告中，参考国内的标准有上交所指引、深交所指引、国资委指导意见、中国社科院报告编写指南、行业指南、工经联指南；参考国外的标准有G3、全球契约和ISO 26000。从单一标准的参考报告数量来看，参考G3标准的企业公民报告最多（142份），其次为上交所指引（110份）。

从国内外标准的参考状况来看，参考国内标准的报告数量要高于参考国外标准的报告数量，有459份参考了国内标准，有181份参考了国外标准。

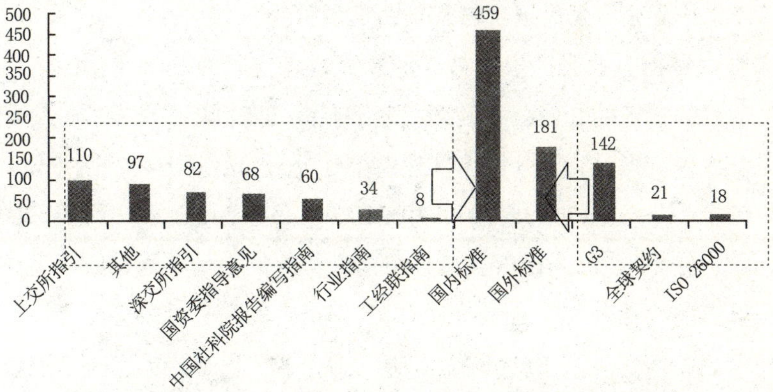

图2.14　2011年具有参考标准的企业公民报告参考标准分布

二、中国企业公民报告的质量特征

（一）中国企业公民报告整体质量

中国企业公民报告评价得分为29.8分，将2011年中国发布企业公民报告的688家企业按照报告得分分为6个组，分别为90分以上（包括90分）、80－90分（包括80分，不包括90分）、70－80分、60－70分、50－60分、50分以下，发现得分在90分以上的报告最少，仅有2份报告的得分在90分以上，占所有发布企业公民报告的比例不足1%，仅为0.29%。得分在50分以下的报告有576份，占比83.72%。在80－90分、70－80分和60－70分之间的报告的数量依次上升，分别占比0.73%、4.07%和5.23%。

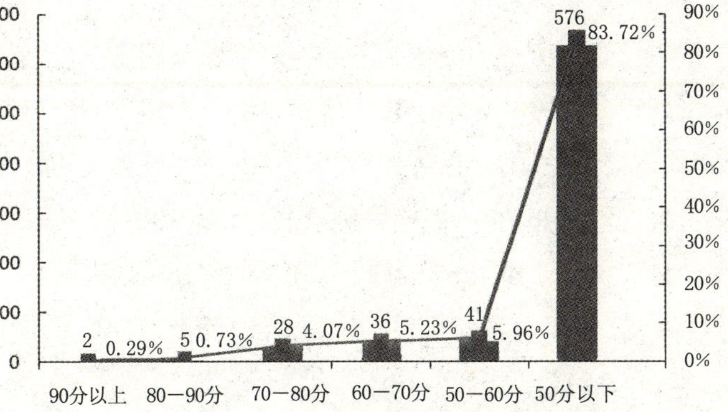

图2.15　2011年中国企业公民报告的整体质量特征

（二）中国企业公民报告的完整性

完整性是指企业公民报告披露的企业在特定阶段的企业公民信息的完善程度如何，即披露的企业公民信息充分不充分。2011年中国发布的企业公民报告的完整性评价得分为34分。将完整性得分分为90分以上（包括90分）、80—90分（包括80分，不包括90分）、70—80分、60—70分、50—60分、50分以下六个档次，结果发现6个档次从低分组向高分组的数量不断降低，完整性得分在50分以下的企业公民报告最多，有550份报告的完整性得分低于50分，占总数的比例近80%，为79.94%，这表明我国企业公民报告的完整性整体质量不高。

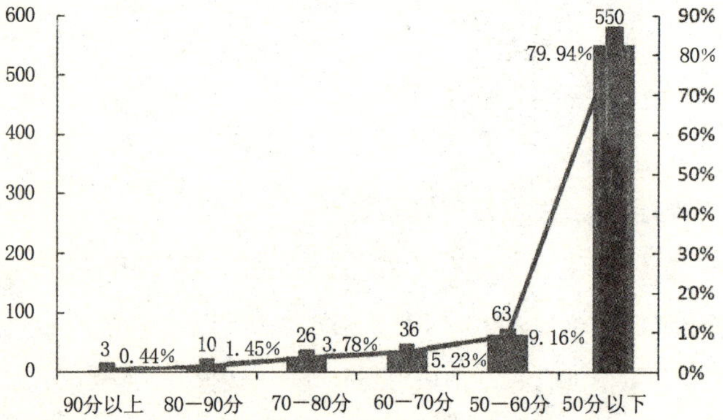

图2.16　2011年中国企业公民报告的完整性特征

（三）中国企业公民报告的实质性

实质性是指报告披露企业公民实践的实质性议题以及企业运营对利益相关方的重大影响。一家企业进行企业公民实践的实质性议题往往与企业所处的行业、企业规模以及企业所处的地域有关。2011年发布的企业公民报告的实质性不强，总体平均得分仅为34.1分。具体来看，实质性得分90分以上的企业仅有4家，占总数的比例不足1%，仅为0.58%；实质性得分处于50分以下的企业公民报告的数量最多，有488家，占的比例最高，达70.93%。另外，处于50—60分、60—70分、70—80分和80—90分四个组的企业公民报告的数量依次降低，分别为90份、47份、36份和23份，占企业公民报告的比例分别为13.08%、6.83%、5.23%和3.34%。

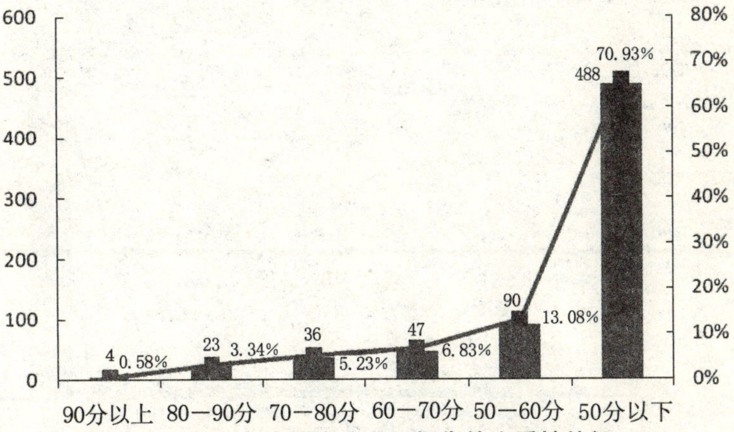

图2.17 2011年中国企业公民报告的实质性特征

（四）中国企业公民报告的平衡性

平衡性是指企业公民报告应中肯、客观地披露企业在报告期内的正面信息和负面信息，以确保利益相关方可以对企业的整体业绩进行正确的评价。也就是说，一家企业的企业公民报告不仅应披露企业做得好的事情、好的企业公民实践，而且还应当对企业的负面信息进行披露，以便改正缺点，获得更大的成绩。

对2011年发布的688份企业公民报告的平衡性进行分析，我们发现中国企业公民报告的整体平衡性不好。具体来看，有628份报告的平衡性得分在50分以下，占总数的比例超过90%，达91.28%；平衡性得分在90分以上的报告最少，仅有5份，占总数的比例仅为0.73%。另外。平衡性得分处于50—60分、60—70分、70—80分、80—90分四个分数档次的企业公民报告数量也较少，均不超过20份，其中得分在50—60分区间的报告有19份，得分在60—70分区间的报告有15份，得分在70—80分区间的报告有12份，得分在80—90分区间的报告有9份。在这4个得分区间的报告数量占总数的比例依次降低，分别为2.76%、2.18%、1.74%、1.31%。

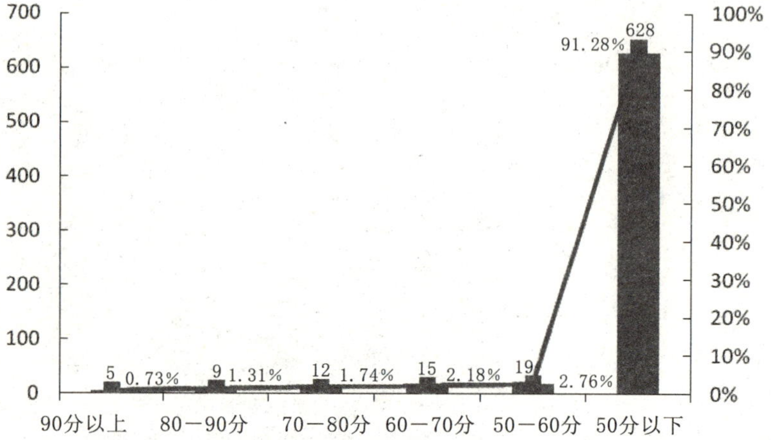

图2.18 2011年中国企业公民报告的平衡性特征

（五）中国企业公民报告的可比性

可比性是指报告对信息的披露应有助于利益相关方对企业的责任绩效进行分析和比较，通常是将企业在报告中连续披露的数据与行业数据加以比较，来对一份报告的可比性进行考察。通过对2011年发布的688份企业公民报告进行评价，我们发现50分以下报告的数量偏高，有613份报告的可比性得分低于50分，占全部报告的比例近90%，达89.10%。可比性得分处于70－80分区间的报告数量居于其次，有21份，占全部企业公民报告的3.05%；可比性得分在90分以上的报告的数量与得分在70－80分区间的报告数量仅差一份，有20份，占总体报告的比例为2.91%。可比性得分处于80－90分区间的报告最少，仅有8份，占总体报告的比例为1.15%。各有13份报告的得分处于60－70分和50－60分区间，占总体报告的比例均为1.89%。

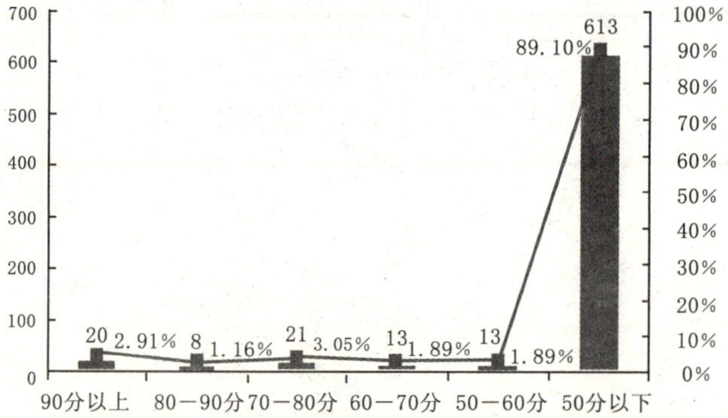

图2.19 2011年中国企业公民报告的可比性特征

（六）中国企业公民报告的可读性

可读性是指报告的信息披露方式易于读者理解和接受，主要包括报告的结构清晰与否，语言的流畅、简洁和通俗易懂与否，是否具有流程图、数据表、图片等直观易懂的表达方式，是否具有术语、特殊词汇等的解释以及排版设计是否方便阅读等。在2011年发布的企业公民报告中，可读性得分处于50分以下的报告占多数，有502份报告的可读性得分在50分以下，占全部报告的比例为72.97%。居于其次的是可读性得分处于80—90分区间的报告数量，有57份，占报告总数的比例为8.28%。另外，可读性得分处于70—80分、90分以上、60—70分以及50—60分四个得分区间的企业公民报告分别有46份、33份、60—70份、50—60分，占全部报告数量的比例依次降低，分别为6.69%、4.80%、3.78%和3.49%。

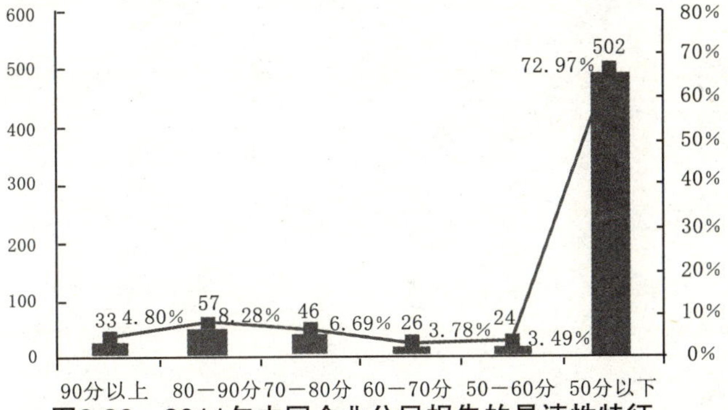

图2.20　2011年中国企业公民报告的易读性特征

（七）中国企业公民报告的创新性

创新性是指企业公民报告在内容或形式上具有重大创新。中国企业公民报告整体创新性较弱，在2011年发布的688份企业公民报告中，创新性的平均得分不足30分，仅为28.7分。具体来看，在5个得分分组中，创新性得分处于50分以下的报告数量最多，有530份，占报告总数的比例为77.03%；创新性得分90分以上的报告数量最少，仅有2份，占比仅为0.29%。在剩余的4个得分组别中，创新性得分处于70—80分的报告相对最多，有55份，占所有报告总数的7.99%；创新性得分处于60—70分、50—60分以及80—90分组的报告数量依次减少，分别有38份、32份和31份，占比依次为5.52%、4.65%和4.51%。

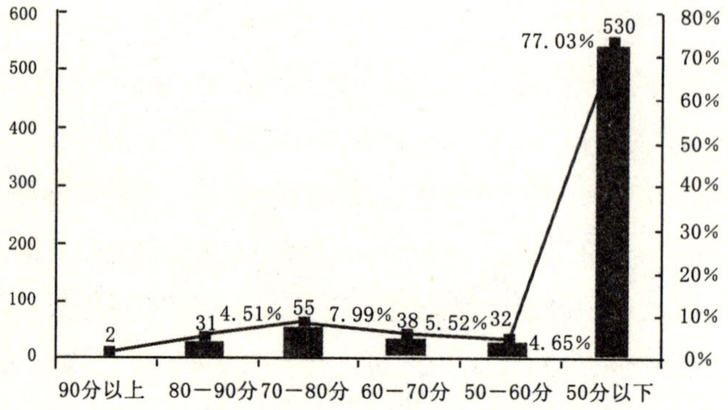

图2.21　2011年中国企业公民报告的创新性特征

第二节　企业内部利益相关方管理

一、利益相关方理论与企业公民理论

利益相关方理论（stakeholder theory）是20世纪60年代左右在西方国家逐步发展起来的，进入80年代以后其影响迅速扩大[1]。按照斯坦福研究所（Stanford Research Institute）在1963年给予利益相关方所下的最初定义，所谓利益相关方即“那些如果没有他们的支持企业组织将不复存在的群体”[2]。20世纪90年代，利益相关方理论与企业公民理论全面融合，并成为企业公民理论的重要理论基础之一，不仅回答了企业公民实践的对象问题，而且使得企业公民实践的绩效更加易于衡量。在企业公民理论的情景之下，所谓企业的利益相关方，就是对企业的运营造成影响，或者受到企业运营影响的组织或个人。企业之所以要承担企业公民的责任，开展企业公民实践，一个重要的原因就在于企业的生存和发展受到其利益相关方的影响，与其利益相关方的支持和拥护与否息息相关，离开了企业的利益相关方，企业可能就不复存在。

那么谁是企业的利益相关方呢？作为企业利益相关方的代表，股东无疑是企业当然的利益相关方，没有股东的资金投入，企业的存在就缺乏实体支撑。除了股东之外，企业的员工、工会、消费者、合作伙伴、企业所在的社区、自然环境等均可以称为企业的利益相关方。与股东一样，离开了任何利益相关方，企业都不可能生存和发展。比如，离开了员工，企业就不能运转；离开了消费者，企业就不能持续进行生产；离开了合作伙伴，企业就不能做大、做强。2005年，第十届全国人民代表大会常务委员会第十八次会议修订通过了新的《公司法》，其中第五条规定，“公司从事经营活动，必须遵守法律、行政法规，遵守社会公德、商业道德，诚实守信，接受政府和社会公众的监督，承担社会责任”，企业为利益相关方负责，履行企业公民的义务和责任成为法律条款的重要内容。

---

[1]陈宏辉．企业的利益相关者理论与实证研究[D]．杭州：浙江大学，2003年．

[2]Freeman R. E. Strategic Management: A Stakeholder Thinking [M]. Helsinki, Finland: LSR Publication, 1995: P19-22.

利益相关方理论无疑对企业公民理论的完善起到了极大的支撑作用。不过，利益相关方理论作为企业公民理论的一个理论基础，其自身并不完善。期待企业关注所有的利益相关方，并对所有的利益相关方所关注的议题进行回应且取得相应的绩效并不现实；关心所有利益相关方的利益，最终的结果可能哪个利益相关方的利益都不能充分实现。况且，企业虽然不能将实现最大的经济绩效作为其唯一目标，但是，利润却是企业实现其更广泛目标的经济基础。正因为如此，理论界对于企业的利益相关方进行了分类，试图对其利益相关方的重要程度或其利益实现的轻重缓急进行分类界定。作为这种界定的尝试之一，“佛里曼以及后来的克拉克森（Clarkson）等人根据利益相关方对于企业的相对重要性大致上将利益相关方分为第一层级利益相关方（Primary Stakeholders）和第二层级利益相关方（Secondary Stakeholders）”[1]，第一层面的利益相关方是指企业生存和持续经营不可或缺的人；第二层级的利益相关方是指左右或影响企业、或者受企业左右或影响的人。这种从利益相关方的相对重要性的角度对利益相关方进行的划分，对于企业进行企业公民实践的先后次序、不同利益相关方的各色议题的反应起到了重要的实际作用，不过清晰明确地将企业的利益相关方分为三六九等无疑会令利益相关方“侧目”，企业自身在开展企业公民实践过程中也会无所适从。另外，还有学者根据“合理性（legitimacy）、影响力（power）、紧急性（urgency）”三种特性将利益相关方群体分为“确定型利益相关方、预期型利益相关方和潜在型利益相关方”[2]，不过这种分类的方法依然没有解决可能给企业利益相关方带来的“被歧视”的感觉。因此，有些人按照利益相关方与企业生产运作过程之间联系与否对他们进行了另外的分类，即可以将企业的利益相关方分为企业的内部利益相关方和企业的外部利益相关方。内部利益相关方处于企业的内部，包括企业的股东、员工等；外部利益相关方处于企业的外部，包括企业的消费者、合作伙伴、环境、社会关系等。这种分类的方法不仅可以反映出企业利益相关方的相对重要性，而且还避免了两个层级利益相关方的划分可能导致的对某些利益相关方的“歧视”感觉。

---

[1]沈洪涛，沈艺峰．公司社会责任思想——起源与演变[M]．上海：上海人民出版社，2007年第1版，第153页．

[2]纪星．现代企业的旅程相关者管理模式研究[D]．西安：西北大学，2008年．

二、利益相关方管理

明确企业的利益相关方，并且对企业利益相关方根据其对企业的重要程度进行合情、合理、合适的划分是一回事，获得企业利益相关方对企业的期待，并对他们的期待给予回应以及取得预期的效果是另外一回事，这需要对利益相关方进行管理。所谓利益相关方管理，“是指企业的经营管理者为综合平衡各个利益相关方的利益要求而进行的管理活动”[1]。另外，也有学者指出，利益相关方管理也可以从对利益相关方关系管理的角度来理解。所谓关系管理，是指“在生产格局变化的背景下，从过去以资本为中心对生产过程、销售商、相关企业的权威命令式组织关系，转变为以资本对员工、销售商、相关企业的非权威命令式的协作关系的管理”。

企业之所以要对其与利益相关方之间的关系进行管理，主要有四个方面的原因。首先，从利益相关方的定义中我们可以看到，利益相关方要么是影响企业的经营活动的人员或组织，要么是自身受到企业的经营活动所影响，或者作为企业利益相关方的人员或组织，既影响企业的经营活动，又受到企业经营活动的影响。既然利益相关方与企业之间具有彼此之间相互影响的关系，那么就需要对于利益相关方进行管理，以便发挥这种影响对于企业及其利益相关方的积极性，降低这种影响对于企业及其利益相关方的消极性。可以说，利益相关方对于企业是一把双刃剑，企业开展利益相关方管理就是为了发挥这把双刃剑的积极影响，消除或者将这把双刃剑的消极影响降低到最低限度。

其次，企业开展利益相关方管理与变化着的大环境息息相关，当前经济处于整体供过于求的阶段。在这个阶段，企业只有较竞争对手以更快的速度响应变化着的环境，企业才能够在日益激烈的市场竞争中立于不败之地。而企业要想能够在这种变化的环境中游刃有余地开展业务，一个重要的方式就是开展利益相关方管理，以最快的速度识别利益相关方群体对于企业的要求和期待，并以最合适的方式和形式，满足企业利益相关方的需求和期待，成为其利益相关方可以信赖和依靠的组织。

---

[1]贾生华，陈宏辉．利益相关者管理：新经济时代的管理哲学[J]．软科学，2003（01）：39-46.

再次，企业之所以要开展利益相关方管理，也可以从企业是谁的企业的角度来加以解释。传统企业理论认为，企业的所有者是股东，股东拥有企业的控制权和剩余索取权，所以企业必须为其股东的利益最大化而努力。随着利益相关方理论的不断兴起，企业利益相关方才是企业的所有者的观点不断为人们所接受。企业的利益相关方之所以为企业的所有者，这是因为，与股东对企业的存在给予了专用性的投资相同，企业的其他利益相关方也对企业给予了专用性的投资，比如员工为企业的存在投入了人力资本，消费者为企业的存在投入了信赖，企业的合作伙伴为企业的存在投入了渠道资源等，所以，企业的所有者不单单是企业的股东，更是包括股东在内的企业的所有利益相关方。正因为如此，企业所追求的不仅仅是企业股东的利益，而是包括企业股东利益在内的企业所有利益相关方的利益。如此一来，为处理好企业与利益相关方之间的关系，企业就需要进行利益相关方管理。

最后，企业开展利益相关方管理，还因为企业的利益相关方可以对企业的财务绩效造成影响，有学者就通过研究发现，“6个变量，即员工、股东、管理层、客户、自然环境与多样性关系直接影响了公司财务绩效”[1]。所以，企业开展利益相关方管理可以控制其利益相关方对于企业财务绩效的影响。

基于四个方面的原因，企业需要开展利益相关方管理。企业开展利益相关方管理，需要坚持“信息沟通的双向性、战略管理的协同性和财务活动的互利性”[2]三条原则，并对企业的利益相关方进行一定的分类。利益相关方管理可以分为两个部分，即“内部利益相关方管理和外部利益相关方管理”[3]，本节，我们将对企业的内部利益相关方的管理进行详细的阐述。

三、企业内部的利益相关方

从字面意思上来看，所谓企业的内部利益相关方就是处于企业内部的利益相关方。作为企业内部利益相关方的典型代表，股东、员工无疑是其内部利

[1]张秋来．利益相关者管理对企业财务绩效的影响研究[D]．武汉：华中科技大学，2011年．

[2]黄勇．浅谈利益相关者及其关系管理[J]．经济管理，2004（04）：43-44．

[3]陈建煊．利益相关者管理[J]．经济管理，2000（04）：58．

益相关方中最重要的成员。与企业的外部利益相关方不同，由于处于企业的内部，企业的内部利益相关方与企业的关系最为密切。股东为企业的建立提供了物质依托，没有股东的参与，企业就没有进行正常的生产经营所使用的实物资产；员工为企业的正常运营提供了人力资本，没有员工的参与，企业就不能够正常、持续地运转。企业的内部利益相关方之于企业的重要性和价值不言而喻，无论是股东提供的物质资本，还是员工提供的人力资本，他们都是企业的内部利益相关方为企业提供的专用性资产，也正是企业内部利益相关方向企业提供的这些专用性资产，使得包括股东在内的企业内部利益相关方对企业拥有要求权和索取权。

关于企业内部利益相关方对企业的要求权和索取权，在企业的股东方面，其主要关心的是其投入企业物质资产的收益，也就是其进行的投资能够获得的回报。因此，对于股东来说，企业利润最大化就是其要求，企业应当以利润最大化作为目标和努力的方向。另外，企业股东还要求企业在经营过程中必须注意风险的防范，尽管利润最大化是股东要求的目标，但是企业在追求利润最大化的过程中必须注意对风险的防范和控制，不能铤而走险。此外，作为企业的内部利益相关方，除了要求对企业具有剩余索取权和规避风险之外，股东还要求对企业具有控制权，控制企业的经营决策、生产经营活动等。

在员工方面，其主要关心的是其投入企业人力资本的收益，也就是其进行的人力投入可以获得的工资。因此，对于员工来说，企业能够按时、准时地发放工资就是其要求，企业应当将员工的福利作为目标和努力方向。另外，由于企业员工每天除了休息之外大部分时间都处于工作场所，所以企业员工还要求企业能够提供良好的工作环境，对不适宜的工作环境进行改善。又由于相对于单个的员工，企业的力量相对强大。失去单个的员工，企业依然能够正常运转；可是，一旦失去工作，员工就可能失去生活的重要依托而变得居无定所。因此，对于员工来说，工作的安全性、稳定性也是其重要需求，企业需要为员工提供良好的工作环境。当前，经济社会发生着越来越快的变化，学习已经成为立身处世和适应不断变化着的社会的必须。在企业中，学习更是成为企业可持续发展、做大做强的重要保障。对于企业中的员工来说，学习不仅成为促进企业适应快速变化社会经济环境的支柱，而且，学习也成为提高员工雇佣能力的重要方式和举措。员工作为企业的内部利益相关方也需要企业为其提供学习的环境、设施以及机会。最后，作为企业的内部利益相关方，除了经济、安全和发展方面的需求之外，还需要受到尊敬、隐私受到保护等，这也是企业需要关注的员工需求。

从重要性角度来讲，企业的内部利益相关方无疑对于企业更为重要，由于内部利益相关方是企业最重要的利益相关方，所以企业不可能对企业的内部利益相关方的所求无动于衷。为更好地对企业内部利益相关方的需求和期待做出回应，企业需要进行内部利益相关方管理。正如前文所述，利益相关方管理是指企业的经营管理者为综合平衡各个利益相关方的利益要求而进行的管理活动，所以企业的内部利益相关方管理就可以表述为企业的经营管理者为综合平衡内部各个利益相关方的利益要求而进行的管理活动。

四、股东关系管理

企业股东关系管理的命题，起源于企业管理中企业的所有者与管理层的分离，以及此后出现的股权不断分散在中小股东手里，而管理层对公司的影响力不断增大的现实。股东为企业的所有者的观点是传统企业理论和古典经济学的重要基础，即使在利益相关方理论不断深入企业管理理论的当下，股东作为企业的核心利益相关方的地位依然未受到撼动，股东是各国公司法律法规的公司“合法”拥有者。不过，虽然股东依然为企业的重要利益相关方，但是由于股权不断分散在中小股东之中，中小股东或者没有意识，或者没有能力参与到公司的管理。如此一来，造成的一个重要的问题就是经济和管理学中所说的委托——代理问题，即由于信息不对称，企业的管理者不会按照企业的所有者——股东的利益和意愿进行管理，而是会按照自身利益最大化的原则行事。即使代表股东行使权力的董事会，虽然名义上是股东利益的代表者，但是在现实中它往往受到企业管理层更多的掣肘，而使得其法律地位名存实亡。股权的日益分散以及由于信息不对称所带来的委托代理问题使得股东的权利不易得到保障，但从另外一个方面来说，企业管理者必须赢得股东的信赖，否则，在股权流动性异常快速的今天，在信息传递速度日益无国界且迅速的当下，涉及企业的任何宏观、中观和微观的风吹草动均会在资本市场上表现出来，并且对企业造成巨大的困难和损失。基于此，企业必须进行股东关系管理，也就是建立投资者关系管理体系进行股东关系管理，首先需要建立企业与其股东之间的信任关系。要建立股东与企业之间的信任关系，需要首先拆穿企业与股东之间的那堵导致信息不对称的墙。为此，企业需要加强信息披露，及时、全面地向股东披露涉及企业利益相关方的信息，为股东做出准确的决策提供信息支持，从而使得企业的股东能够支持和拥护企业管理者做出的决策，并在企业处于困境的时候能够不离不弃。企业开展信息披露可以采用日常披露与定期披露相结合的方式，在日常披露中，企业要做到及时披露发生的事情，并通过官方网站、新闻媒体、网络媒体等多种途径进行披露；在定期披露中，企业要做到系统、详细地披露企业在特定时间内发生的重要事件，使企业的股东对于企业经营活动的周遭环境有一个深入的了解。

其次，企业进行股东关系管理，需要在公司治理机制中真正落实对股东法定权利的保障。具体来看，企业要建立股东会、董事会、监事会、管理层等公司治理制度，并且使其真正发挥法律所规定的权利和义务，确保股东大会的权利真正得到保证，董事会能够真正成为股东权利的代表，监事会能够真正发挥对公司管理层监督管理的职能，公司的管理层能够真正按照股东的意愿和要求行事，开展公司管理。在董事会的结构方面，应当使公司的外部董事和内部董事达到一个很好的比例关系，以使得董事会最大限度地发挥内部董事和外部董事的功能，避免可能造成的弊端。另外，为了更好地保护股东的权利、建立与股东的协作关系，企业还需要在董事会建立各种专业委员会并与外部专业机构合作推进企业的治理机制。具体来看，企业要在董事会中设置专门的薪酬、审计等各种专业的委员会，使得这些专业委员会成为董事会的智库，为董事会做出正确的决策提供支撑和建议；在与外部的专业机构合作方面，企业要充分利用外部专业机构的专业知识和处于企业外部所具有的天然的客观性，并使其对董事会负责，为股东的利益行事。

最后，企业进行股东关系管理，需要建立投资者关系管理体系。根据深交所2003年发布的《深交所上市公司投资者关系管理指引（全文）》定义，所谓投资者关系管理，是指“上市公司通过各种方式的投资者关系活动，加强与投资者和潜在投资者之间的沟通，增进投资者对上市公司了解的管理行为”。根据《深交所上市公司投资者关系管理指引（全文）》的有关规定，公司可以采取以下活动进行投资者关系管理，即股东大会、网站、分析师会议、业绩说明会和路演，一对一沟通，现场参观以及电话咨询等。并且，企业要设置专门的投资者关系管理机构，并指定专门的人员负责。

案例1

按照证券监督部门和证交所的要求，东方电气股份有限公司及时完成了信息披露、定期公告等工作，受到监督部门、媒体和投资者的赞许。2011年，公司完成62次信息披露，涵盖定期报告、大股东增持、分红派息、持续关联交易等。

另外，公司还通过业绩说明会、路演活动、日常联系、专题电话会和接待投资者来访等工作，及时与投资者沟通公司战略规划、新能源产业发展等事项，维护股份公司在资本市场上的良好形象。

除此之外，公司还首次组织美国路演活动，积极参与国际投行组织的投资者会议，不断增强与国际投资者的沟通，扩大东方电器在国际资本市场上的影响。

摘自：《东方电气股份有限公司2011年社会责任报告》第4页

五、员工关系管理

管理就是管人，管人既是一门科学又是一门艺术。随着经济的发展和社会的进步，企业管理对人的假设发生了巨大的变化，对人的假设依次经历了自然人、经济人、社会人、自我实现的人以及全面发展的人几个阶段。世异则事异、时移则形变、形变则法不同，在自然人、经济人阶段的管理思想与在社会人、自我实现的人以及全面发展的人阶段的管理思想不尽相同，管理也从以往注重以物为中心的管理过渡到以人为中心的管理，为此，企业需要对员工进行管理，加强员工关系管理。员工关系管理有广义和狭义之分，广义的员工关系管理的内容涉及与企业有关的整个人力资源管理体系的构建；狭义的员工关系管理主要是企业和内部员工之间的联系和影响，视员工关系管理为“无形服务”，并以此开展研究[1]。在此，我们将从广义的角度来对企业的员工关系管理进行分析和阐述。

---

[1]张灵霞. 中小企业员工关系管理存在的问题及对策研究[D]. 兰州：兰州理工大学，2010年.

首先，企业进行员工关系管理需要做到在雇佣过程中的公平、公正。所谓雇佣公平，也就是说企业在雇佣的过程中不能有歧视现象的发生。企业不能以应聘人员的肤色、民族、宗教信仰、国籍、残疾与否等与工作无关的个人特征作为是否录用应聘人员的标准。企业只有为员工提供一个公平竞争的环境，企业才能够选拔出最适合的人才，为企业的发展壮大服务。另一方面，企业雇佣员工的过程中要为应聘者提供真实的工作预览，所谓真实的工作预览，即“关于工作和公司的有利和不利两个方面的信息”[1]。企业只有在雇佣的过程中为应聘者提供关于工作和企业的真实、客观的信息，才不至于因雇佣者对企业的了解不充分而雇佣不到合格的员工，也不至于因应聘者对企业的期望过高而在以后的工作中大失所望。

其次，企业进行员工关系管理，需要做到保障员工应有的合法权益。企业的员工具有劳动合同规定的权利、言论自由权、隐私权、民主管理等多项权利，企业进行员工关系管理，需要保障员工的这些权利。具体来看，企业要按照《劳动合同法》等劳动法律法规的规定与员工签订正式的劳动合同，并为其缴纳必要的社会保险；企业要保障劳动合同上规定的员工应当享有的权利，不能肆意违背劳动合同。企业要保障员工的言论自由的权利，使员工可以自由表达自己的看法，不对员工表达自己的观点和主张设置障碍、进行限制。企业要保护员工的隐私权，不经过员工的允许不能刺探员工的隐私，更不能将员工的隐私公之于众。在信息技术在工作中使用异常频繁的当下，以数字形式表现和储存的隐私权保护问题越来越受到人们的重视，企业更需要给予尊重和保护。另外，企业还需要加强民主管理，保障员工参与企业管理的权利，发挥员工的聪明才智，为企业的发展、做大做强作出贡献。

再次，要给予员工合理的回报。员工向企业投入的重要资源就是人力资本，员工进行工作的一个重要期待也就是工作所带来的经济回报，因此，员工工资在员工所有对企业的要求中始终处于核心地位。为此，企业要给予员工合理的经济回报。不过，需要特别指出的是，企业给予员工经济回报一定要注意

[1]Stephen P. Robbins and Mary Coulter. 管理学[M]. 北京：中国人民大学出版社，2008年12月第1版，P316.

坚持公平原则，一方面是员工自己在不同时期的付出与所得的比例相同，另一方面，能够最大限度地做到使不同的员工的付出与所得比例相等，做到纵向公平和横向公平。除此之外，企业还应当激励员工精益求精地去工作，对工作中作出突出贡献、付出巨大努力的员工给予奖励，使企业员工中形成一种力争上游的氛围。另外，企业还应当关心困难员工，为暂时面临困难的员工慷慨解囊、施以援手。

最后，推进企业文化建设。每个人都与众不同，都具有区别于他人的独一无二的个性，这种个性决定了一个人的行为方式以及与他人的交往方式。这种个性特征之于企业就是企业文化，它是企业所具有的价值观、行为方式、传统习俗和做事的方式，它影响和决定着企业成员的行为方式以及与其他企业的交往方式。美国历史学家戴维·兰德斯在《国富国穷》一书中曾写道："如果经济发展给了我们什么启示，那就是文化乃是举足轻重的因素。"文化之于经济发展如斯，企业文化对于企业的做大、做强、永续发展自不待言，"忽视文化因素的生意人，只有失败一途"[1]。在员工关系管理方面，企业也应当加强企业的文化建设。企业加强自身文化建设的主要目标就是使员工认同企业的文化，并对员工自己的岗位、自己所在的企业形成承诺。只有员工对于企业的文化形成了认同，并且对自己的岗位和所在的企业形成了承诺，员工自己在工作中的努力才会与企业的目标相统一，进而通过员工日常的实践活动促进企业目标更好、更快地实现。另外，企业员工一旦形成对于自己的工作岗位或者自己的企业的承诺，就会将自己的人生目标、职业目标与企业的目标相统一，从而在实现企业目标的同时，自己也取得进步。

此外，要建立员工关系管理单位和制度，加强与员工的沟通交流。加强员工关系管理需要有专门的员工关系管理组织，并在设立的员工关系管理单位中配备专门的人力资源，进行日常的员工关系事务的处理。比如，针对员工进行公司内部的员工满意度调查，设立员工投诉信箱，进行员工日常接待，提供员工心理咨询等。通过员工关系管理单位和制度的建立，使企业对员工关系管理工作真正落到实处。

---

[1]弗朗西斯·福山．信任：社会美德与创造经济繁荣[M]．海口：海南出版社，2001年12月第1版．

案例2

2011年，青岛啤酒公司自主研发员工快乐指数指标体系，按照与员工快乐相关的组织发展、文化沟通、情感关怀、职业发展、薪酬福利等五大维度设计了调查问卷，关注员工的诉求。

针对新时代员工关系管理特点，如“80后”“90后”的代际冲突、职场价值观、族群差异等等，2011年青岛啤酒在所有单位增设了兼职的“员工沟通辅导员”的岗位与工作职责，通过专业指导、培训和咨询，了解员工心理与感受，帮助员工舒缓压力，提高绩效及改善组织气氛和管理。

另外，针对青岛啤酒员工遍布全球各地，为进一步主动了解员工的需求，2011年率先在营销系统开展电话远程访谈活动。通过阅读电话访谈、员工关爱电话，让员工感受公司大家庭的温暖。

此外，“回家看看”是青岛啤酒公司多年来的一项具有浓郁企业特色的活动，各地的青啤员工来到青岛啤酒的发源地，寻根溯源，感受百年青啤博大深厚的文化因子，此举也是关爱员工、激励员工的有效形式。

摘自：《青岛啤酒股份有限公司2011可持续发展报告》第38—39页

第三节　企业外部利益相关方管理

一、企业外部利益相关方

从字面意思上来看，所谓企业的外部利益相关方就是处于企业组织外部的利益相关方。作为外部利益相关方的典型代表，消费者、合作伙伴、企业所使用的环境资源、企业的社会关系无疑是其外部利益相关方中最重要的成员。与内部利益相关方不同，由于处于组织的外部，外部利益相关方与企业的关系较内部利益相关方来说显得不甚密切。但是，与内部利益相关方对于企业的重要作用一样，外部利益相关方之于企业也是必不可少。离开了外部利益相关方，企业就不能够生存和发展。

具体来看，消费者为企业生产的产品和服务提供市场，为企业进一步进行生产提供动力，如果没有消费者的消费行为，企业生产的产品或服务就没有市场，企业的生存发展无从谈起。企业合作伙伴的专业技能以及与企业建立的稳定的供应关系，可以为企业竞争优势的获取、竞争力的提高贡献一臂之力，如果没有合作伙伴的参与，企业在所有的业务活动领域都要亲力亲为，有违专业分工的原则，不仅不利于效率提高和成本节约，而且也不利于技术的进步，这些都会使企业在竞争中遭受挫折和困难。环境资源为企业的生产行为提供了最初的原材料的供给，企业只有利用环境资源所提供的原材料，方能进行进一步的生产经营活动，因此，离开了自然界为企业提供的环境资源，企业只能“空运转”，不能生产出任何有价值的东西为人类的生产生活提供便利。社会关系使得企业进行交易的过程中降低了风险，更利于企业与其他组织和个人达成交易，降低交易费用；缺乏社会关系，将增加企业在运行过程中的风险，提高企业的交易成本，不利于盈利的提升。显而易见，正是由于外部利益相关方对于企业的正常运转、降低成本、增加效益具有重要的意义，使得对包括消费者、合作伙伴、环境资源和社会关系在内的企业外部利益相关方进行管理十分必要。

对于消费者，之所以称其为企业重要的外部利益相关方，就是因为消费者为企业的生存和发展提供了外部市场，没有消费者提供的外部市场，企业不可能生存和发展，企业做大做强无异于痴人说梦。既然消费者为企业的生存和发展提供了巨大的市场资源，那么企业就需要为市场的培育、保持和成长有所付出，不能视消费者为其提供的广阔的市场为理所当然；企业如果视消费者提供的市场如“草芥”而不加珍惜，最终会失去消费者为企业提供的市场资源。企业要生存和发展，必须关注消费者的期望和需要，所以，企业在日常生产经营过程中需要对企业的消费者关系进行管理，为消费者提供优质的产品和服务，最大限度地吸纳消费者的意见和建议，并将这些意见和建议反映到消费者所提供的产品和服务中去。企业不仅要适应市场，更要培育市场；不仅要去培育市场，更要去开拓市场。加强消费者关系管理可以使得企业看到市场，可以使得企业能够适应市场，可以促使企业去培育市场，可以激励企业去开拓市场。

合作伙伴是企业重要的外部利益相关方之一。合作伙伴一方面为企业提供所需投入要素的供给，另一方面为企业产品的销售提供重要的渠道资源，企业合作伙伴之于企业的重要作用不言而喻。为此，企业需要加强合作伙伴的关系管理。加强与合作伙伴的关系管理，对于企业来说，一方面，可以获得充足稳定的投入资源的供给，使企业避免在需要资源的时候找不到合适的提供者；另一方面，合作伙伴提供的渠道资源为企业产品顺利实现价值做出了贡献。这两个方面的作用都可以使企业的生产经营活动风险降低、效率提高。

在环境资源方面，作为企业的外部利益相关方，企业开展环境资源管理可以给企业提供充足的资源供给。除此之外，随着经济发展水平的提高以及人类社会的进步，人们对于自身生活的周遭环境的质量越来越重视。在人们对于环境的质量愈发重视的当下，企业在环境问题方面的任何违规行为都不能得到社会的容忍。企业开展环境资源管理，正视社会对环境问题的关注，不仅可以规避由于环境问题可能遭受的社会抵制，而且还可能因此而受到社会的赞扬而为自己的业务打开另外一番天地。在社会整体对环境关心异常强烈的当下，政府环境保护部门对于环境的立法也异常严厉，企业稍有不慎就有可能踏过环境法律的边缘，遭受法律的制裁；企业开展环境资源管理可以规避法律风险。此外，随着企业公民理念和实践越来越受到人们的关注，一种新的投资方式——SRI逐步步入人们的视野，并且在西方俨然成为主流投资方式之一。在中国，SRI也在社会各界的共同努力之下不断发展。在SRI成为投资领域的潮流和新星的当下，企业要想获得更多、更稳固的投资，必须进行环境资源管理等企业公民实践。如此一来，企业开展环境资源管理就成为企业在资本市场上获得投资的重要手段。

在社会关系管理方面，企业处于社会之中，企业的生产经营活动均与社会有着千丝万缕的联系，离开了社会，企业无法生存，更谈不上进一步发展壮大、做大做强。企业加强社会关系管理，与企业所在社区、与政府有关部门建立良好的关系，能够赢得社会的拥护和支持，避免由于信息不对称所产生的误解给企业可能带来的麻烦。企业加强社会关系管理，与政府有关部门建立良好的关系，还可以影响政府部门政策的制订，即使不能使政府的政策向着有利于企业的方向制订，但至少能够使得政府政策制订过程中能够充分考虑到企业利益，从而不至于使企业在新的政策面前手忙脚乱。

不过，从重要性的角度来看，无论是消费者，还是合作伙伴，无论是企业生产经营活动所依赖的环境资源，还是企业必须依托的社会关系，他们均是企业的外部利益相关方，与企业的内部利益相关方相比，他们的重要性显得不是那么举足轻重。但是，即便如此，企业也不能置企业的外部利益相关方的利益诉求于不顾。为了更好地对企业外部利益相关方的需求和期待做出回应，企业需要加强外部利益相关方管理。与内部利益相关方管理的表述类似，外部利益相关方管理可以表述为，企业的经营管理者为综合平衡外部各个利益相关方的利益要求而进行的管理活动。

二、消费者关系管理

进行消费者关系管理需要做好以下四个方面的事项。

首先，进行消费者关系管理需要真实、准确地披露有关产品的信息。产品信息是一件产品可以传递给消费者的信息，是一件产品的重要组成部分。产品信息能够告诉消费者一件产品的品质、产品的生产地、产品的使用、产品的维修等各个方面的信息，消费者通过产品的信息披露可以判断一件产品是不是能够满足自己的需求、该产品是不是自己需要的产品、购买了该产品之后怎么使用、产品出了问题之后到哪里维修等。披露产品的信息也是消费者权益保护法的基本要求，我国1994年开始施行的《中华人民共和国消费者权益保护法》第三章第十九条要求“经营者应当向消费者提供有关商品或者服务的真实信息，不得作引人误解的虚假宣传”。可见，真实、准确地披露有关产品的信息不仅是消费者消费产品或服务的过程中所必需的产品或服务的重要组成部分，而且是法律规定所要求的重要内容。此外，企业披露产品信息的过程中不得故意披露不真实、不准确的信息，也不能披露夸大性的信息、说服性的信息，这些信息均会对消费者理解产品或服务造成误导。

其次，企业进行消费者关系管理需要注重产品的质量。为消费者提供高质量的产品是企业的基本义务和责任，企业提供给消费者的产品或服务的质量不过关，不仅有违消费者权益保护的相关法律法规，给消费者造成损失，而且，从长远来看，最终企业的生存和发展也会遭受重创。为消费者提供高质量的产品或服务，企业需要做三个方面，第一就是在产品或服务的生产过程中，企业要树立质量意识，严格规范产品或服务生产过程中的基本操作，在每一个步骤上均严格把关。第二个方面就是企业要在产品或服务的研发上投入重金，时代在进步，消费者的需求也在不断地发生变化，企业如果仅仅停留在重复生产已有的产品，那么最终的结果只能为竞争对手所超越，最终会由于不能满足消费者不断变化的需求而在市场竞争中被淘汰；企业只有不断地开发新的技术，不断更新供给消费者的产品或服务，方能更充分地满足消费者的需求，并在满足消费者需求的过程中获得成功。第三个方面就是企业要定期开展消费者意见调查活动，并将其作为获得消费者需求信息的重要来源。企业生产产品最终是要满足消费者的需求，而获得消费者需求满足的最好方法就是让消费者参与到产品或服务的设计和开发中来。通过定期开展消费者意见调查活动，企业可以获得消费者的需求信息，并且发现现有产品或服务能否满足消费者需求支出，进而开发出更符合消费者要求的高质量的产品或服务。

再次，企业开展消费者关系管理需要进行良好的售后服务。所谓售后服务，从传统的概念来看，是指“商品出售以后，商品已进入消费领域，而经营者仍继续向购买商品的客户提供诸如送货、安装、维修、技术培训、退还等各项劳务性服务”[1]。所以，在消费者的角度上，从某种程度上说，售后服务成为其购买商品价值的重要组成部分；消费者购买产品不仅仅是为了产品本身，有时候产品的售后服务成为消费者选择是否购买产品的重要影响因素之一。另外，售后服务注重对于消费者购买产品之后的服务的提供，是一种附加价值，售后服务好，消费者更可能成为企业的回头客，留住客户的成本比创造

[1]傅绪哲，王守兰，范金余等．产品售后服务的现代理念的重新认识[J]．商品与质量，2009(17)：11-12.

一个新客户的成本要低得多，企业通过开展售后服务保留了原来的客户。并且，在此基础上赢得客户美誉，这对于企业创造新客户具有锦上添花的作用，这有利于企业竞争力的提高，从而在与同行业企业的竞争中赢得新机，获得竞争优势。所以，“售后服务是企业向用户传递服务价值并提高客户忠诚度的重要手段，售后服务质量的高低日益成为企业提高竞争力的关键”[1]。

最后，企业开展消费者关系管理需要进行消费者投诉管理。消费者投诉是指由于消费者购买到的产品或服务不能满足消费者的需求，或者企业在处理消费者纠纷的过程中不能很好地满足消费者的期待和要求，而受到消费者向有关部门投诉的现象。以前，企业大多视消费者投诉为洪水猛兽，消费者也视消费者投诉为保护自己权利的重要手段。不过，时过境迁，当前人们对于消费者投诉的看法已经发生了很大的变化。具体来看，在企业方面，多数企业开始视消费者投诉是企业的无形资产，并认为消费者投诉“可以建立、巩固企业和消费者之间的感情，利于消费者忠诚于企业；可以修正产品或服务中存在的缺陷，提高产品或服务的竞争力，同时，消费者的投诉表明了企业存在的不足，为企业的发展开创了商机；有利于企业树立和巩固良好的形象”[2]。在消费者方面，多数消费者也不再仅仅视对企业的投诉为保护自己合法权益的重要手段，而且还将消费者投诉看成是提高企业的产品质量、从而以后能够享受到更好服务或更优质产品的重要途径。基于此，企业要重视开展消费者投诉管理，最好能够成立专门机构并配备专门人才对消费者投诉进行管理，对于消费者的投诉建议给予充分的尊重，并能够对于投诉的处理结果给予消费者反馈，使得对消费者投诉进行管理的行为真正取得成效。

---

[1]邵瑞花．售后服务供应链及服务资源优化研究[D]．河北：燕山大学，2011年．

[2]姜国，邱教军．寻找和处理消费者投诉——新的经济增长点[J]．技术经济与管理研究，2002(02)：50-51．

案例3

南航高度重视顾客的意见和诉求，设有多种渠道接受顾客反馈信息，其中包括：①旅客直接来电、来函、来访；②通过南航官网受理；③民航局消费者事务中心；④民航局运输司、各管理局及各地监管办；⑤质检局、中消协及省市各级消协；⑥各地信访办；⑦各工商局；⑧各大媒体（发稿前）；⑨律师函（诉讼前）。

南航收到顾客意见后，将由专门的投诉中心处理，并及时录入"顾客意见反馈系统"，通过系统传递到相关单位。相关单位投诉管理工作人员在第一时间与旅客取得联系，进行沟通，并责成下属相关责任部门在5个工作日内处理完毕，同时将所有证据、证明、情况回复函等输入到"顾客意见反馈系统"中保存备案。

另外，南航每月召开公司投诉管理工作例会，通报投诉受理情况，进行案例分析，制订改进措施。通过汇总、分析处理顾客意见及投诉信息，我们及时了解顾客的需求，找到服务工作改进的重点，并在系统工作例会上进行改进工作布置。

摘自：《中国南方航空股份有限公司2011年社会责任报告》第70页

三、合作伙伴关系管理

企业进行合作伙伴关系管理需要与企业竞争对手建立企业战略合作伙伴关系，一般来说，与合作伙伴建立战略合作伙伴关系主要体现在以下几个方面，即长期的战略合作协议、共享实验室、共享数据库、稳定的沟通交流平台、共同实施物流战略等五个方面。

首先，与合作伙伴签订长期战略合作协议。所谓战略是指战争谋略，指在敌对状态下基于对全局的分析判断而做出的运筹，是指导及指挥军队克敌制胜的艺术和方法[1]。所以，战略合作就涉及到企业与企业之间较为宏观层面的合作。"企业战略合作伙伴关系是企业双方在一段时期内达成的承诺或协议，是基

[1]黄速建，黄群慧．现代企业管理——变革的观点[M]．北京：经济管理出版社，2007年，第1版，P101．

于信息技术公开、共享，分担由于伙伴关系带来的利益和风险基础上彼此共同致力于建立平等互利、相互协作、相互支持、共同发展的紧密的合作关系”[1]。企业之间建立战略合作伙伴关系一方面使得风险可以分散到不同的企业之中，避免由于单个企业独立开展相关活动造成沉重损失的可能性；另一方面，企业之间建立战略合作伙伴关系也可以使得不同企业之间优势互补，充分利用对方的优势，提高自己的实力；此外，建立长期战略合作协议，各个企业为了同一个目标分别进行投入，提高长期战略合作协议参与企业产出的投入弹性，提高参与企业的效益。企业签署战略合作协议有两个方面的重要目标对象，第一个方面的目标对象是与企业产业链条上的企业签署战略合作协议，另一个方面的目标对象是同行业的竞争对手企业。与产业链条上的企业签署稳定的战略合作协议，可以保证稳定的投入原料的供应关系，可以保证企业生产产品的稳定投放市场。与同行业的竞争对手企业建立长期的战略合作伙伴关系，在竞争中进行合作、在合作中开展竞争，不仅可以化敌为友，而且还可以在竞争和合作过程中提高自己的竞争优势。

其次，与合作伙伴建立共享实验室。共享实验室是企业之间为了共同开发一项技术而进行的合作。共享实验室可以使参与主体的单体优势聚积为整体优势，通过充分发挥各自的长处，以最快的速度和最优的质量开发出适宜的新技术。共享实验室可能是同行业企业，也可能是同一体产业链上的企业。同行业企业共享实验室使企业之间用合作的关系来替代竞争的关系，避免不必要的技术研究方面的内耗。产业链上的企业共享实验室，可以发挥产业链的整体优势，与其他产业链进行竞争，通过产业链整体技术实力的提高，促进产业链上所有企业竞争优势的打造。

再次，与合作伙伴建立共享数据库。当今社会是信息社会，企业能否快速获得真实、准确、完善的信息成为其能否在竞争中获胜的重要因素。所以，建立数据库，充分开发、利用数据库里面的数据成为企业尤其是大企业的运营活动中的一项重要事务。不过，由于数据库的建立和收集数据需要大量的投资，即使是大企业也可能因此而付出巨大的成本；而与此同时，数据的使用成本却

[1]刘建强.现代企业的战略合作伙伴关系[J].经营管理者，2010(24)：161-162.

异常小，也就是说数据收集的平均总成本下降不甚明显，而数据的使用成本却具有规模优势。因此，单个企业建立数据库的优势不明显。正因如此，企业往往与其合作伙伴共同建立数据库。企业与其合作伙伴之间建立共享数据库可以共同收集数据、共同分享数据，使收集到的数据能够发挥最大的作用，并且分散数据库的建立和数据收集的成本。

最后，与合作伙伴建立稳定的沟通交流平台。信息不对称使企业之间容易产生误判，也可能使企业的运营成本增加。为了降低企业之间存在的信息不对称，企业之间需要建立稳定的沟通交流平台。企业与其合作伙伴建立稳定的沟通交流平台，可以使得企业之间不断交流沟通信息，降低企业之间的信息不对称程度，进而减少企业之间由于信息不对称所带来的战略、战术误判的发生，降低企业的运营成本。另外，企业之间建立稳定的沟通平台还有助于知识外溢效应的发生，促使整体国民经济发展效率的提高。

案例4

“伙伴工程”是招商银行小企业信贷中心与帮扶小企业发展的部门、机构、组织等共同合作，为中小企业精心打造的“金融安居工程”。工程主要内容包括：搭建贷款融资、互助成长、诚信守约、政策咨询、教育培训五大服务平台，建设“伙伴之家”企业家俱乐部。

该工程通过“伙伴工程·乡镇巡回计划”等“伙伴之家”俱乐部特色活动，培育中小企业成长的土壤。截至2011年底，累计开展各类宣传服务活动200余次、小企业参与人数超过20000人、累计为近万户小企业提供600多亿元贷款支持，受惠人口200万。

摘自：《2011招商银行社会责任报告》第33页

四、环境资源关系管理

企业开展环境资源关系管理，需要做好六个方面的事项。

第一，企业要遵守环境法律法规，在生产运营的过程中注意保护环境。环境法律法规是一国开展环境保护工作的基础和依据，也是企业开展经营活动中必须履行的义务和责任的依据。由于环境法律法规是一国对于企业等组织或个人的基本环境要求，也可以称为企业进行公民实践在环境方面的底线责任和义务的要求，所以企业必须遵守。企业遵守环境法律法规所规定的底线环境责任和义务也许不能为企业带来经济利益，也可能不会给企业带来社会方面的赞誉。但是，一旦企业的生产运营活动不符合环境法律法规的要求，未达到环境法律法规所要求的标准，企业必然会受到环境法律法规的制裁。这一方面会给企业带来直接的法律后果，造成直接的损失；另一方面，由于企业有违犯法律法规的行为，企业声誉会由于社会对其违法行为的关注而受到影响，更有甚者可能带来遭受社会抵制的现象。

第二，企业要加大研发投入，提高资源的利用效率。根据资源是否可以在一定时期内再生为人们所利用，可以将资源分为可再生资源和不可再生资源。可再生资源在短期内还可以再生，为人类所利用；不可再生资源一旦用完，就不会再拥有。对于可再生资源，虽然其供给量可以不断增加，但是由于人们需求的无限性，随着需求量的不断上升，特定资源的价格会上升，这会影响人们的福利状况；对于不可再生能源，用一点就少一点，随着人们需求的增多，不可再生能源最终可能会消耗殆尽。所以，无论是可再生能源，还是不可再生能源，提高能源的使用效率是一种有效利用资源的重要途径和方式。为此，企业需加强环境资源管理，加大研发投入，通过科技的投入、科技的运用提高能源的使用效率，使得可再生资源和不可再生资源能够发挥最大的作用。

第三，企业要注重开展绿色办公。所谓绿色办公就是企业在办公场所采取措施，使得办公的过程和结果能够最大限度地降低对于环境和资源造成的负面影响。随着人们环境保护意识的增强，在办公场所节约能源资源引起人们的不断重视。在办公场所开展绿色办公需要从小事做起，包括随手关灯、节约用电、节约用纸、节约用水、减少一次性物品的使用等。通过在办公场所开展绿色办公，企业对于环境的影响可以降到最低限度，包括企业对于资源的使用不再浪费以及对于能源的使用不再挥霍等。不仅如此，企业通过在办公场所开展绿色办公也减少了办公用品的购买量，这在某种程度上也节约了成本，对企业来说是一个经济绩效和环境绩效双赢的举措。

第四，企业在工程建设中要注意对环境影响进行评估。企业新建工程都会对环境造成一定的影响，它们要么是工程建设对环境造成直接的影响，要么是在工程建设以后对于自然生态造成持续性影响。为了降低工程建设可能对环境造成的影响，企业需要对于工程建设可能对当地环境造成的影响进行评估，评估至少包括两个方面，第一个方面是工程建设对环境造成的影响，包括对植被、水文等，第二个方面工程建成之后对当地环境的影响。另外，分析了工程建设对当地的环境可能造成的影响之后需要给出应对之策，使得工程建设对于环境的影响降到最低限度；如果可能，要使工程能够是环境友好型工程。此外，还需特别强调的是，工程对环境的影响不仅仅是对自然环境的影响，有时候还体现在对物理环境的影响，比如工程建设的噪声问题，项目建成后的噪声污染问题等，这些也需要在工程建设的环境影响评估中有所体现。

第五，企业要不断推进合作伙伴进行环境资源管理建设。企业是经济社会的基本组成单位，企业之间进行着各种各样的交易，并以交易为纽带形成错综复杂的联系。为使企业的环境资源关系管理发挥更大的作用，企业需要带动其合作伙伴一起进行环境资源建设，一道为地球资源环境的可持续性出一份力，最终形成整个企业体系的环境友好和资源节约。

第六，企业也要择机开展环保公益活动，带动社会公众一起保护环境，节约资源。企业开展环保公益活动可以采取宣传的形式，使所在社区以及其他社会公众树立环境保护意识。企业开展环保公益活动也可以采取直接行动的形式，比如在环境日或者公司的特殊节日进行植树造林或种草活动，为大地母亲增添一丝绿。企业开展环保公益活动还可以采取义务到学校，或者针对特定群体开展讲座，或者支持环保组织举行的环保公益活动的方式。

案例5

中国神华董事会及下设的安全、健康及环保委员会是公司环境保护和节能减排工作的最高决策机构，公司已建立起涵盖总部、子（分）公司和厂（矿、段）的三级环境保护和节能减排管理体系，节能环保知道纳入“五型企业”绩效管理考评范畴。2011年，公司着力健全环境保护与节能减排工作的统计、监督和考核三大体系。

公司坚持项目全生命周期的环保管理理念，从项目规划立项阶段起严把环保关，在社保选择、基础建设、生产、销售、资产回收利用等各环节持续做好节能减排和环境保护工作。

公司积极推行ISO 14001环境管理、NOSA、HSE等标准化管理体系，持续改进、提升环境保护管理水平。公司重视环保专业培训，大力推广、普及绿色环保理念，公司总部率先建成了无纸化办公系统，通过电视、网络、报纸、内部刊物等多种方式宣传低碳发展相关知识，开展“节能宣传周”“世界环境日”等主题活动，营造全员节能环保的良好氛围。

摘自：《中国神华能源股份有限公司2011社会责任报告》第51页

五、社会关系管理

社会关系管理针对的对象是企业所在的社区，采取的方式可以是向社会捐赠款项，也可以是通过企业的经济活动带动当地的经济发展。

第一，在捐助社会方面。经济系统的分配方式一般可以分为三种，一次分配、二次分配和三次分配。第一次分配是生产要素分配，以效率为第一位考虑因素，第二次分配是政府的社会保障体系的建立，第三次分配属于社会各界的捐助。可见，企业通过社会捐赠来开展社会关系管理对于整体国民经济的收入分配、调节贫富差距具有重要的作用。另外，企业通过社会捐赠可以树立起良好的形象，这种良好的形象是企业的无形资产。一方面，企业的良好形象可以影响消费者对于企业产品的偏好，良好的企业形象更能使消费者产生该企业的产品质量较好等印象；并且，企业的形象本身就是产品差异化的重要组成部分，使得企业的产品相对于其他企业的同类产品更具有差异性。所以，企业进行捐赠更容易获得消费者的青睐，从而增加产品的销售，提高盈利能力。另一方面，由于政府也期待企业通过捐助行为解决贫困问题，所以，企业的捐赠行为也能够获得政府有关部门的赞扬和支持，从而使得企业与政府部门的交往更容易，进而降低企业的交易成本，提高企业的竞争力。

第二，在促进地区经济发展方面。一般而言，经济的发展是减缓贫困的法宝，一个国家经济的增长往往带来该国贫困人口的大量减少，由于企业是经济发展的微观主体，所以企业通过自己的业务活动来减缓一个地区的贫困状况大有可为。由于让普通群众享受到经济发展成果的主要途径是就业，所以，企业在促进地区经济发展的过程中要特别注意对当地就业人员的吸收，通过为当地创造大量的就业，通过工资的形式将部分利润输送给当地居民，从而在促进当地经济发展的同时，提高当地人民的收入水平，改善当地的贫困状况。这不仅有利于当地贫困问题的解决，而且由于贫富差距得到了控制，整体社会环境也会大为改观，这就为企业进一步开展经营活动创造了良好的条件，这也从侧面促进了企业自身的发展。

案例6

为了更好地改进自身的工作，加强与利益相关方的沟通，2011年4月25日，中国石化发布《关于欢迎社会监督的有关决定》，决定聘请社会监督员，定期组织社会各界到中国石化了解情况。2011年5月31日，中国石化正式聘请来自企业外部的高校教授、社会评论员、网络精英、证券分析师、消费者代表等13名社会监督员，建立了与社会监督员畅通的沟通机制。中国石化赋予社会监督员多项授权，首先，社会监督员具有反映监督过程中发现的公司总部、各企事业单位的各种违法违纪和不规范行为的权利；具有收集社会公众、各类组织机构对中国社会各方面的意见和建议的权利；具有及时、准确、客观、公正地向中国石化反映公司工作中和行业内存在的问题，并提出改进意见和建议，同时协助公司调查、核实所反映的问题的权利；就事关国计民生的专项课题在公司系统内开展调查研究的权利。

摘自：《中国石油化工股份有限公司2011可持续发展报告》第14页

第三章
企业公民实践之一：企业的股东关系管理

在企业的众多利益相关者之中，股东无疑是企业最为重要的利益相关方。在企业社会责任的思想最初产生之时，新古典经济学派的一些人士（其中最有影响的是1976年诺贝尔经济学奖获得者米·弗里德曼），就曾以企业要谋求股东利益最大化为理由反对企业履行社会责任。后来，企业社会责任的理念逐渐被广泛接受。人们认识到，企业社会责任并不反对重视股东利益，它只是反对唯股东利益是图的观点。实际上，对股东的期望作出回应，用良好的财务业绩回报股东，始终是企业必须承担的最重要的责任，这也是对一个合格的企业公民的基本要求。

很难想象，一家盈利能力低下以至于不能为股东提供良好的利润回报的企业，它能够有资源和能力去履行企业公民责任的其他方面的事项。正是因为如此，当中国远洋、中国铝业等近年来出现巨额亏损的企业被评为最具社会责任感的企业之时，很多人都表示意外并提出了异议。虽然，由于不同的评价体系在参数设置和打分方法上存在差异，在评选最具社会责任感的企业之时，不同的评判机构会产生不完全一样的评判结果，这本来是正常的，但是，企业社会责任的履行存在底线，一家连年出现巨额亏损（年亏损额过百亿元）的企业，很难说它是一个合格的企业公民。

出现在本章节的两个案例，招商局集团和中国平安，在2008年的全球金融危机的冲击之下，它们的业务都受到了较大的影响，这两家企业的共同点是，面对恶劣和不确定性的外部环境，它们都能够通过业务模式的创新维持和改善经营状况，而且，它们都是以一种多方共赢而非零和游戏的方式去谋求业绩的提升。比如说招商局，在全球航运业务进入寒冬之时，招商局想到的并不是追逐一己之利，而是努力避免航运港口业在行业寒冬期出现相互斗争的恶性循环，在构建“共赢生态圈”的同时实现自身的可持续发展。

第一节　招商局集团：百年老店的责任感

著名的深圳市蛇口港“海上世界”明华轮，几经沧桑，行舟陆上。旁边6栋充满绿意的垂直绿化外墙写字楼，“南海意库”几个字分外耀眼。受益于独特的通风设计，已经30多岁芳龄的“三洋厂区”楼层，正换上一缕新装。

曾经的三洋厂区，是20世纪80年代改革开放的最早一批“三来一补”厂房，如今，在招商局集团花费5亿元改造后，这批芳龄30多年的旧厂房正褪去改革开放初期发展重工业的沉重气息，被赋予了节能、低碳、环保的全新活力。

招商局集团此举绝非心血来潮，而是与深圳市未来发展高端服务业、总部经济、低碳城市的战略目标保持着某种不言而喻的默契。

对企业公民理念，招商局集团有着自己的理解：不满足于只做“经济人”，而是做一个具有理想、信念和社会责任的“社会人”，除了要将自身业务发展与国家、社会与城市的未来发展战略紧密“配合”，更以符合社会伦理和道德的行为关注民生，回报社会。

2008年4月，招商局集团制订并公布《履行企业社会责任行动纲领》，逐年发布《可持续发展报告》，向社会展示集团及所属企业的具体运营状况、绿色环保建设及慈善公益事业的具体成就，接受社会监督。

“作为创立于1872年的百年老店，招商局集团一贯倡导富有社会责任感和历史使命感的企业文化，当好企业公民，自觉履行企业社会责任是招商局在百余年发展历程中积淀的优良传统。”这番话，是招商局集团近140多年发展历程浓缩的基业常青真谛。

一、布局“公益投资”

2003年起，招商局集团按照国务院扶贫办要求，开始对贵州省毕节地区威宁县开展定点扶贫工作。

随后六年，招商局集团以“整村推进”扶贫为切入点，着力改善贫困乡村基本生产生活条件，先后投入超过1300万元修建希望学校、村级公路和桥梁、人畜饮水工程等共计39个项目，并成立由员工自愿捐款发起的“威宁县招商局集团助学助教基金”，资助奖励贫困大学生、优秀高中生和孤困学生、优秀教师和班主任、教育工作者。

2010年，当招商局集团去威宁县了解公益扶贫工作进展时，却发现当地很多人虽然知道招商局集团的名字，却不知道招商局集团是干什么的。

这项调研结果让集团高层震惊，也对企业社会责任的内涵有了全新的思考：招商局集团的公益事业还“没有动足脑筋”——尽管慈善捐款模式能够改善当地居民的生活状况，却无法改变威宁县仍需要外部援助的现状。当地居民知道招商局集团每年捐款给自己，但他们不知道除了捐钱，招商局集团还能干什么。

“从慈善捐款转向公益投资，这条路应该怎么走？如何由输血式帮扶转向造血式帮扶，创造一个良好的经营发展环境，让威宁县产生自我造血功能与发展空间？”在2010年威宁县调研结束后，集团高层一直在思考这个问题。

高层思考的结果，是招商局集团开始着手制订“集团企业公民”的全新职能：招商局集团在140余年发展历程所积淀的优良传统，决定招商局集团在新时期参与和谐社会建设及自身和谐企业建设的过程中，应当自觉履行企业社会责任、当好企业公民，以实际行动响应国家关于建设和谐社会，和国资委关于中央企业要自觉履行企业社会责任，在构建社会主义和谐社会中发挥表率作用的号召。

要承担表率作用，在受益于当前中国经济高速增长所赋予的发展机遇的同时，招商局集团不能只做“经济人”，必须以符合社会伦理和道德的行为关注民生、回报社会，做一个具有理想、信念和社会责任的“社会人”，认同现代价值观，承担社会责任，赢得社会的信任和接纳。

“在这种要求下，招商局集团要将业务发展与社会责任联系在一起，可能有些业务项目短期未必能看到经济效益，但只要能够拉动一个区域的经济发展并改善民生，招商局集团也要为承担企业公民责任而牺牲某些短期利益。”上述招商局集团人士透露。从那时起，招商局集团开始和威宁县政府重新协商，提出“转变扶贫方式，加大扶贫力度，推动威宁早日脱贫”的帮扶工作目标，确定将输血式帮扶改成造血式帮扶，由救济式扶贫转变为开发式扶贫，以产业项目帮扶取代民生救济式帮扶的工作方针。

2011年起，招商局集团开始加大对威宁县的资金投入，力争建成一个现代物流基地，建设一座幸福小镇，办好一个干部培训班，帮助威宁县引进一批产业项目，最终让威宁县通过自身的产业发展，早日实现自我造血。

落实到民生帮扶新举措，招商局集团除了建设一座幸福小镇让当地居民“居者有其家”，还协助当地政府尝试流转当地部分土地，把土地集中起来开发旅游产业，兴建商业街，让居民有了工作收入；在协助当地农民脱贫方面，招商局集团则建立一个股份制的合作社，让农民持有股份，农民不再是等待救济的个体，他们通过努力每年能拿到可观的股权分红。

一系列全新的公益投资帮扶措施，顿时引起社会极大的关注——多数人称赞招商局集团将输血式帮扶转成造血式帮扶的做法，也有少数人担心公益投资措施缺乏客观独立的评估体系，能否给当地带来经济的可持续发展与民生的可持续改善则需要打上一个问号。

招商局慈善基金会理事长兼招商局集团副总裁胡政坦言，公益投资事业比企业投资经营难度更大。这是因为，对于商业性的投资项目，招商局集团已形成一套全面有效的风险收益评估模式，但涉及到公益投资事业，目前中国还缺乏相应的社会公益投资项目评估体系。是老百姓说好就是好，还是企业内部觉得好就算是好，还是由政府来评价？目前没有一个共识。

不过，公益投资事业在中国大地有其生存发展的土壤。以捐款捐物为主的救济式公益，难以改变被救济对象无法自我造血的困境。而公益投资事业恰恰通过产业与项目投资方式，令被救济对象找到收入来源，靠自己的劳动与努力改善生活条件。

尽管争议犹存，但招商局集团决心将公益投资事业进行到底，以此践行“融入社会，关注民生，承担社会责任，促进和谐发展”的承诺。

二、构建“共赢生态圈”

一场突如其来的次贷危机，让全球航运港口业至今挣扎在行业寒冬期——波罗的海干散货运价指数（BDI）从2007年底最高12000点骤跌至2012年最低700—800点。全球航运运价“自由落体”的结果，是全球航运公司要么无货可运，要么赔钱运货，航运运费收入甚至不够支付航运燃油费，港口业务因航运贸易需求迅速下滑而面临成长窘境。

面对肆虐全球的金融危机，在2008年资本支出较预算减少与严控投资的背景下，招商局集团顺应国家经济增长方式转型与深圳市建设国家低碳生态示范市的发展目标，委托专业规划设计院编制《蛇口半岛总体规划》，赋予深圳市蛇口地区全新的发展定位：南部沿海重要港口和物流中心、珠三角重要的水陆门户和现代化交通枢纽、深圳高新技术支持的文化创意产业基地、融合自然风光与人文特色的滨海城区和旅游休闲目的地。

除了在太子湾投资百亿元兴建可靠泊15万吨的国际豪华邮轮的母港，招商局集团还投入超过80亿元在前海深港建立现代服务业合作示范区，至今集装箱吞吐量超过100万标箱；投资27.65亿元建设的孖洲岛修船基地、两座30万吨级干坞已先后投产，正朝着“世界一流的船舶修理及海洋工程基地”目标迈进。

目前，招商局集团在深圳蛇口建设国际化绿色城区已初见成效，经专家推荐和严格筛选，被列为全国首批“低碳国土实验区”的预选单位之一。

在招商局总裁傅育宁看来，这仅仅是招商局集团与深圳全新合作模式的开始——招商局集团未来在深圳的投资，要与深圳市未来发展高端服务业、总部经济、低碳城市的目标保持一致。这就是招商局集团所践行的企业公民责任，不能只满足于会赚钱的经济人角色，要结合一座城市调整优化经济结构、加快经济发展方式转变的全新使命，通过项目增量促产业发展、促腾笼换鸟、促结构优化、促转型升级，这是招商局集团做好一个“社会人”，承担社会责任的重要职责。

2012年9月，招商局集团与青岛港集团、中石化集团、华能集团、国家开发投资公司（国投集团）等四家央企签署合作协议，协议投资总额高达86亿元，这是招商局集团支持青岛市发展海洋经济发展战略的新举措。

但是，要践行社会责任，招商局集团首先面临的考验，是避免航运港口业在行业寒冬期出现相互斗争的恶性循环。“作为对社会负责任的企业，要让商战从你输我赢的零和游戏，变成共赢的非零合游戏。”上述招商局集团人士透露。在航运港口业挣扎在行业寒冬期间，集团高层特意以“一个和尚有水喝，两个和尚挑水喝，三个和尚没水喝”的典故，告诫集团旗下航运港口公司要从大局出发，不要只顾短期经济利益，共同携手扶持国内航运港口业大发展。

招商局集团的共赢战略，先是对深圳西部港区各个码头进行整合，基本实现整个港区经营统一，提高资源利用率，降低营运成本，使各个码头均受益；在此基础上，招商局集团进一步维护珠三角的港口业的共同价值，与深圳其他港区、珠三角其他港口共同创造一个既合作又有良性竞争的市场。

在深圳港口整合良性竞争初见成效后，招商局集团着手推动厦门漳州码头与厦门港其他码头一起努力，避免市场出现恶性竞争。

在航运合作共赢层面，招商局集团善待每个合作伙伴，在招商局集团航运公司为国内石化企业提供运输石油服务同时，允许石化企业提供招商局集团所需的生产用油，双方的业务合作深入到上下游产业链合作，相互降低成本。与此同时，招商局集团要求码头企业与班轮公司建立互利关系，即班轮公司经营困难时，码头企业以负责任的态度处理服务费率问题，尽可能依靠自身提高资源使用效率和优化流程，消化大部分新增成本，不要转嫁给航运企业，使它们“雪上加霜”。

与此同时，招商局集团多年来严格执行国家环保法规，依法履行环境保护责任，将资源环境代价纳入企业经营成本，加大与企业经营密切相关的环保成本投入，开发引进科技成果，大力推进企业节能减排。

在港口建设方面，招商局集团始终致力于兑现“推行油改电，打造绿色港口”的战略发展承诺。2010年，招商局国际旗下蛇口集装箱码头（SCT）和赤湾集装箱码头有限公司（CCT）与德国稳孚勒集团联合研制具有国际专利技术的“交流安全滑触线供电自动接驳装置”，基本完成了RTG“油改电”，每年可减少柴油消耗3118吨，减排二氧化碳9884吨，节约运行成本2000万元。

同年，招商局集团旗下宁波大榭招商国际码头有限公司龙门吊油改电项目按计划完成实验线工程。这个绿色环保项目采用行业内具有国际领先水平的“低架直流自动接驳”方案，比交流供电节能效果提高15%以上。

近年来，招商局集团针对青岛码头3个10万吨泊位设备投光灯过多、设备非生产能耗较大的问题，对照明控制系统进行照明改造，逐步降低设备能耗。

截至2010年底，招商局集团万元增加值综合能耗（现价）为0.3323吨标煤/万元，与上年同期比较减少19.81%，与2005年同期比较减少57.21%；万元增加值综合能耗（可比价）为0.3804吨标煤/万元，与上年同期比较减少16.83%，与2005年同期比较减少51.01%。集团2010年节能减排指标（万元增加值综合能耗—可比价）总体符合国资委要求央企“十一五”下降20%的工作目标要求。

招商局集团加大港口业务的环保成色与提升信息化服务品质的背后，意在推动海铁联运，尽可能给国内航运公司“国货国运”提供有利条件。

所谓“国货国运”，是指一个国家重要的战略物资，由本国船队运输。

如日本、韩国、欧洲各国的航运公司都与本国钢铁企业签署长期铁矿石运输协议，本国航运公司牢牢掌握着本国铁矿石运输话语权，但中国铁矿石进口商相对分散，铁矿石运输权反而一步步落入发货人手中，由后者指定航运公司运输铁矿石。目前由中国船队运输的铁矿石，仅占总进口量的约30%。

“这就需要国内港口通过良性整合，给国内航运公司提供有利的发展空间，让他们有能力与国际船运公司一较高低，争取到铁矿石国货国运的更多市场份额。”前述招商局集团人士强调说。招商局集团高层内部多次强调，企业的一切经营活动与国家社会经济发展目标密不可分，社会经济发展是企业利益的最大源泉，企业发展只有建立在与社会利益相关者的良性互动及社会和谐的基础上，才能基业常青。

目前招商局集团旗下深圳西部港区正积极推进口岸环境建设，扩大华南公共驳船快线网络并提升信息化服务品质，推动海铁联运，完善集疏运系统，为船公司提供个性化服务。

三、员工以“家”为荣

尽管金融危机令招商局集团不得不严控投资与资本开支，但在完善员工薪酬福利方面，招商局集团却毫不吝啬。

“是员工的努力与智慧，让企业实现利润最优化，企业努力回报员工，为他们提供良好的薪酬与福利，也是招商局集团践行企业公民与社会责任的一项重要举措。”前述招商局集团人士强调说。集团高层多次要求集团必须顺应潮流完善员工薪酬福利措施，让每个员工对招商局集团都有“家”的感觉。

为此，集团在制订薪酬政策时采取有效授权，在实行工资总额同核心业绩指标挂钩的同时，旗下各公司在提取的效益工资总额内，自主确定其内部分配办法，以此坚持“按劳分配”和“效率优先、兼顾公平”的原则；在设置、调整企业的工资结构和分配结构时，要充分考虑到集团所属内地企业地处不同地区、分属不同行业，企业经济效益、资产规模等方面存在差异，而确定各企业平均工资水平，务必兼顾企业经济效益与当地社会生活成本。

除了构建合理员工薪酬体系，招商局集团最放心不下的，则是生产安全。整个2010年，招商局集团及各级所属公司都在努力践行“安全第一、预防为主”的安全生产工作方针，继续全面深入地开展以“执法、治理、宣传教育”

和“法制体制、保障能力、监管队伍”为主要内容的“安全生产年”活动，持续改进集团及下属公司的安全生产管理的基础工作。

“招商局集团每位员工生日时，我们都会给员工寄送生日贺卡。这张贺卡里，寄托着招商局集团对员工努力贡献的感激，与对员工身体健康的祝福关心。”前述招商局集团人士表示。在招商局集团，对员工的关爱，已提升到集团发展战略的关键要素——这要求企业不能把员工仅仅视为“打工者”，而是把他们看成“一家人”。

为此，招商局集团以战略发展目标为导向，在培训体系方面建立条块结合的多层次、多渠道的培训体系。自2005年以来，集团人力资源部连续举办五期青年骨干管理知识培训班，先后共有192名来自集团各下属公司的青年骨干完成了理论培训和实践锻炼任务。集中理论培训内容涵盖管理基础知识、管理能力提升、战略与成本控制等模块。

招商局集团高层坚信，只有善待员工，企业才能带给股东最大的回报，招商局集团连续七年在央企考核中为“A”级，2010年经常性利润在央企排第7位，这些优秀业绩离不开员工的努力。

然而，如何用好员工用辛勤汗水换来的丰厚利润，如何回报股东给予的充分信任，招商局集团高层倾向“外脑”加强监管，让集团的经营决策能得到充分的科学论证与合理规划。为此集团总部设有专门部门负责内部审计，实施全面风险管理，并接受德勤会计师事务所每年的外部“审计”，确保公司财务的真实合规性经得起“考验”。

除了将员工视为“家人”，招商局集团积极组织员工一起投身慈善事业。2009年，招商局集团成立招商局慈善基金会，除了资金规模每年保持5000万元，开展公益项目超过18项，合作伙伴包括四川海惠助贫服务中心、爱佑华夏慈善基金会、上海真爱梦想公益基金会等。项目涵盖农村社区综合发展、孤贫家庭儿童先天性心脏病救治、边远村小学“免费午餐”项目、乡村学校多媒体教室配置及素质教育课程开展等。

作为一家百年老店，招商局集团始终倡导富有社会责任感和历史使命感的企业文化，坚持和弘扬招商局长期奉行的关注民生、扶贫济困的历史传统，倡导全员热心公益、奉献爱心。这也是员工将招商局集团视为“大家庭”的原因。

第二节　中国平安：精细化管理缔造企业公民形象

“老师早！”在平安集团援建的100来所希望小学里，每天都会传出朗朗读书声。

或许，这些在希望小学明亮课堂里捧着课本的学生并不知道，中国平安集团已是一家总资产超过22854亿元的金融控股公司，更不知道“金融投资”究竟是怎么回事。

在他们的脑海里，“平安希望小学”里的“平安”，就是保佑他们能够开开心心上学，平平安安回家。对中国平安集团而言，这就足够了——平安集团希望这些山区孩子能在课堂里开开心心地过完童年，学好知识再立足社会。

截至2011年底，在平安集团援建的108所平安希望小学里，5362名学生获得总计289.95万元的中国平安希望奖学金，还有3905位大学生获得平安励志计划的奖金支持，奖金总额达1409万元。

“教育是打开未来之门的钥匙。”在中国平安2011年社会责任报告里，平安集团对持续加大国内公益教育投入，给出自己的见解。

但这绝不是平安集团履行社会责任的全部——长期以来，中国平安集团将自身企业的使命浓缩成四个负责：对股东负责，资产增值，稳定回报；对客户负责，服务至上，诚信保障；对员工负责，生涯规划，安居乐业；对社会负责，回馈社会，建设国家。

为了践行自己的使命，平安集团从去年起推动低碳管理平台建设，完善企业社会责任管理体系和公益项目评估体系，用专业管理缔造企业社会责任的新形象。

一、破解小微企业融资难

2012年7月末，投资者王小姐忽然发现，上海陆家嘴国际金融资产交易所（下称“陆金所”）网站的稳盈—安e贷系列小额信贷类服务品种数量忽然骤增。

此前4个月，她每天早上10点准时进入陆金所网站，急切等待新一批稳盈—安e贷系列小额信贷类服务品种，但陆金所“开市”不到一分钟，所有小额信贷类产品宣告售罄。

所谓稳盈—安e贷，是陆金所推出的一款面向个人借款者和个人出借人推出的个人借贷中介服务，具体流程是借款人通过平安集团在国内众多网点提交借款申请，经借款风险评估后，将借款需求纳入稳盈—安e贷服务序列，通过陆金所网站对外寻找投资者。在稳盈—安e贷服务流程里，陆金所为借贷双方提供中介服务，发布借款需求、管理借贷双方以及担保公司之间的借贷及担保活动、借贷资金的划拨。由于稳盈—安e贷服务提供8%—9%的年投资回报，一经面世就吸引了社会广大投资者的兴趣。

负责开发运营稳盈—安e贷的陆金所，是2011年9月由中国平安集团斥资4亿元投资设立。稳盈—安e贷服务的诞生，离不开中国平安对全球最新公益类金融创新模式的引进。从2008年次贷危机爆发以来，欧美地区国家很多机构也开始试水通过电子商务平台拓展金融创新业务。这些基于互联网技术开展小微企业的线上交易平台，一方面利用互联网快速交易优势，给小微企业带来更快速的融资路径；另一方面则借助互联网平台降低融资成本。而它致力解决的，是一个全球性的金融业难题：如何给小微企业提供快速便捷的融资服务。

由于小微企业广泛存在贷款额度小、无抵押、无担保、操作成本高、贷款风险高，被金融业视为高风险、低盈利的客户群体，多数讲究风险控制的大型金融银行业对此只能敬而远之。

然而，小微企业所承担的社会使命却异常沉重，它吸收一个国家最多的就业人群，创造最多的GDP与税收，但它得到的待遇与使命却不相“匹配”，没有金融机构愿为小微企业的高风险“买单”。

“致力于解决小微企业融资难，不只是金融创新层面的使命，更是致力促进社会经济发展的任务。”平安集团副总经理、首席创新官、陆金所董事长兼CEO计葵生（Gregory D.Gibb）说。在7月底前，陆金所之所以没有推出大量稳盈—安e贷服务，是陆金所还在进行系统测试，包括将稳盈—安e贷系列投资资金划拨时间从最长48小时缩短至3—6小时；开设网站产品频道，专门列出《稳盈—安e贷服务说明》与《稳盈—安e贷服务个人借贷规则》，让客户用最短时间了解产品条款、投资收益风险与操作流程。

这一切，是为了让广大投资者更好地了解稳盈—安e贷服务，给小微企业融资需求创造一个良性的外部资金供应环境。“如今，每周稳盈—安e贷累计成交超过1000万元，能满足数十家国内小微企业快速便利的融资需求。”计葵生说。

然而，要通过金融创新解决小微企业融资难——这个全球性社会难题，绝非易事。计葵生直言，其中涉及两大风险控制与操作难题，一是谁来帮助投资者评估小微企业的投融资风险，二是谁为投资者承担小微企业偿付违约风险。

与全球多数P2P信贷线上交易只负责撮合借贷双方（不承担借贷违约风险与帮助投资人识别P2P信贷风险）不同，目前陆金所尝试的一项解决方案，除了借助平安集团积累七年的个人金融消费风险管理数据模型，帮助投资者对小微企业做投融资风险评估，还成立一家注册资本1亿元的平安融资担保（天津）有限公司，对每笔稳盈—安e贷服务提供偿付违约担保。

在实践过程，计葵生深知，没有十全十美的风险控制模型，每隔几个月，陆金所都会根据不同类型借款人的实际还款情况，修改相应信贷消费风险管理数据模型。

但平安集团对陆金所的发展，给出的要求是“开弓没有回头箭”——在平安集团眼里，这不仅仅是金融创新，更是一项促进社会经济发展的公益性业务。

计葵生表示，如今中国经济面临一个金融资源分配的问题，比如将过剩资金引导流向急需资金的小微企业，让小微企业能吸收更多就业人口，创造更多GDP与税收。如果能通过创新的方式解决这个问题，中国经济会更好地健康高速地发展。

陆金所正在尝试的，就是建立一个线上交易平台，让居民财富能够流向小微企业，实现金融资源优化配置，为整个国家的经济转型、破解小微企业融资难问题作出自身力所能及的贡献。

其实，在平安集团内部，承担破解小微企业融资难的社会责任，不只是陆金所在行动。

平安集团旗下平安银行针对小微企业融资难，推出首款无担保、无抵押的“新一贷”信用贷款产品，通过准入门槛低、手续简与放款快等创新操作流程，解决大众客户贷款难问题。而“新一贷”获得2010—2011年度中国杰出营销奖时，众多评委评价称，“新一贷”对于没有房产等财富累积的客户群和不具备担保实力的成长性客户群而言，通过早年建立的健康信用记录，可以让他们分享到经济发展和社会进步的成果，对促进社会发展、引导消费者借贷的健康观念有积极作用。

2011年深圳发展银行提出“最佳银行战略”，将积极寻求破解小微企业融资难摆到重要位置。在机构建设方面，2011年深圳发展银行成立小微金融业务部，选取北京、上海、广州、深圳等10余家分行重点推进小微金融业务。在标准化平台建设上，通过标准化管理制度，简化规范作业流程，搭建快速的审批通道，快速满足客户需求；在客户资源开发上，对具有相同经营特点和风险特征的目标客户群体量身定制金融服务方案，实现批量开发；在产品设计上，设计了灵活多样的小微金融产品，包括符合小微企业特点的多种担保方式、授信品种以及快捷方便的提款形式。

截至2011年底，深圳发展银行和平安银行两行小微贷款余额已达480亿元。而这家银行破解小微企业融资难的更大胆的解决方案，是积极推广小企业批量开发模式，使贸易融资业务的产业链条不断向核心企业的三级、四级甚至五级、六级小微型经销商或供货商延伸。

在平安集团高层眼里，平安集团作为中国企业社会责任同盟的发起人之一，必须从自身专业出发推动社会议题的解决，包括开发新型养老保险产品解决大众关心的医疗养老等社会问题，而响应国家扶持中小企业的号召破解小微企业融资难，则是平安集团践行社会责任的重中之重。

二、践行“绿色金融”

在上海张江高科技园区，有一片欧式风格的建筑群，是中国平安集团巨资打造的全国后援管理中心。正是这数幢简洁雅致的建筑群所建立的流程化、工厂化、集中化、办公作业无纸化的平安集团后台作业系统，令中国平安集团2011年在核保、理赔、保全、支付等环节节约用纸逾2.3亿张，约合1002吨。

与此同时，整个后援管理中心通过使用低能耗IT设备与高效能制冷设备，采用虚拟化技术提高设备利用率，在降低整体能耗同时减少碳排放，加之平安集团在全国其他分支机构物业的能耗管理方面大胆尝试进行灯具改良、空调、照明、锅炉、机房等设备控制、废弃物分类管理、废旧物品回收利用，仅2011年度中国平安集团耗电量较2010年人均下降5.4%，节约用电共计122万度。

这仅仅是中国平安践行“绿色承诺·平安中国——低碳100行动”的步骤之一。

从2010年起，中国平安宣布将100条具体的低碳举措贯彻至企业的经营管理、业务发展、日常办公等各个环节，并从运营、业务和公益等维度，全方位、多层次地开展绿色行动。而每一条低碳行动措施，是公司董事长兼首席执行官马明哲字斟句酌最终敲定的，由此可见中国平安集团最高管理层对践行绿色金融承诺的重视。

中国平安推动的“低碳100行动”，主要包括三个层面的内容：在公司日常的运营层面，通过多项措施减少自身运营的碳排放；在业务发展层面，通过产品创新引导各相关产业的低碳建设；在公益层面，通过开展各类公益活动，号召社会各界积极参与低碳社会的建设。

中国平安品牌宣传部总经理盛瑞生说：“我们原来执行企业社会责任，更多是从慈善捐助活动做起，这是被动的、反应型的企业社会责任。如今通过践行绿色金融承诺，平安集团开始从战略角度兑现企业社会责任。”

在落实“低碳100行动”方面，平安集团首先着眼于从物业采购管理细节抓起。以前，很多平安员工下班后都会忘记关掉电脑，集团通过内部教育和出台相应措施，督促每个员工形成下班关电脑的习惯。2010年3月起，中国平安通过IT平台技术将集团全系统办公电脑设定每天晚上20：00定时关闭，每年节省约4000万度电。

除了在物业采购管理增加“绿色环保基因”，中国平安集团旗下保险、银行、信托、证券业务的金融创新，都与100条低碳措施息息相关。

在产险业务创新层面，中国平安集团致力于通过落实100条低碳措施打造“绿色金融”。作为一家综合金融集团公司，在保险业务领域，中国平安集团产险公司率先推出环境污染责任险，并快速处理、圆满解决了国内首例“环境污染责任险”的理赔案件。仅2011年，平安产险在环境污染责任险的承保件数为483笔，较2010年增长56%，保费收入达1256万元，较2010年增长27%。

在寿险服务领域，平安寿险致力构建的MIT移动平台和电子保单业务，处处凸显低碳环保的服务理念。目前每份MIT及电子保单的纸张消耗量由以往的40张降低至4张，并让客户享受到更高效快速的专业服务。仅2011年，平安集团MIT件数累计达402.7万件，使用率达62.9%，电子保单109.5万件，占2011年承保总件数比例为17.1%，共节约纸张约307.2吨。

在银行绿色信贷方面，平安集团旗下银行严格按照国家产业政策的调整，对“两高一剩”（高能耗、高污染、过剩产能）行业的企业制订严格的发放贷款指导原则，强调环保准入关，实行环保一票否决。截至2011年底深圳发展银行“两高一剩”贷款余额436.51亿元，占全行各项贷款的9.28%，较年初下降0.3%；“两高一剩”行业贷款不良率0.49%，较年初下降0.07%，低于全行贷款平均不良率0.09%。而平安集团也要求银行积极支持授信企业的节能减排和发展低碳经济项目。截至2011年底，深圳发展银行对节能减排重点工程项目和支持节能减排技术创新、技术改造和产品推广方面授信额度134.86亿元，较年初增长26.29亿元，增幅24.21%，授信余额52.68亿元，较年初增长3.29亿元，增幅6.66%。

目前，平安集团旗下银行信用卡业务开始大力推广电子账单，通过赠送消费积分等方式鼓励客户舍弃传统的纸质账单，选择电子账单，以此倡导低碳消费方式。2011年全年，电子账单件数共882.4万封，占总账单数35.6%，共节省116.5吨用纸，同时还节约882.4万次的邮递运力。

为了进一步落实100条低碳措施与“落实金融”战略目标，去年平安集团着手逐步搭建起碳排放测算管理平台，推动物业运用专业管理工具进行自有物业的碳排放数据测算，协助各子公司和集团总部进行员工差旅碳排放测算，并倡议员工减少不必要的出差，以电话及视频会议取代现场会议，减少搭乘飞机而产生的碳排放。

“这项倡议得到平安集团高层的积极支持，并落实到银行、保险、信托、证券公司的各个业务部门。”一位平安集团人士透露，仅平安寿险公司2011年的电子函件使用率就较2010年增长180%，新增电子函件客户达304万人，电子函件的发送量超过1000余万封，共节省约88吨用纸，同时还减少了1000余万次的邮递寄发成本。

盛瑞生表示，HSBC汇丰银行、瑞士再保险、安联保险在银行保险业的低碳运营方面积累了大量经验，也给平安集团履行低碳责任做了很好的指引。

三、搭建CSR管理平台

但是，从践行绿色金融承诺，到致力解决小微企业融资难的社会性难题，再到连续十年组织平安集团员工无偿献血，无偿献血量3675余万毫升，平安集团越来越意识到履行社会责任，同样需要“专业创造价值”，需要用专业的理念引导企业社会责任建设，用专业的体系来管理，用专业的工具来推动。

2011年起，中国平安着手从五方面搭建专业的CSR管理平台。

在CSR绩效指标体系搭建方面，中国平安梳理企业社会责任绩效指标，从588个预设指标库中筛选出476个指标，并通过部门调研、利益相关方访谈的形式，确立适合平安集团社会责任长远发展的CSR绩效指标体系，

在落实碳管理平台方面，中国平安在集团全系统推广碳排放计算器软件应用，联合旗下物业公司建立中国平安碳排放测算体系，具体包括水、电、天然气、燃油碳排放测算、差旅碳排放测算，通过物业面积及员工人数计算单位碳排放量，为未来制订节能减排目标奠定量化基础。

在社区投资项目评估体系建立方面，为了更加清楚地梳理社区投资项目KPI管理体系，加强社区投资项目的科学化和精细化管理，2011年中国平安面向公众、客户、员工、公益组织、媒体等27类利益相关方开展问卷调研，并对利益相关方代表进行访谈，逐步建立社区投资项目评估体系。

在CSR团队构建方面，中国平安专门设立CSR非正式工作小组，分为A1、A2、A3三个层级，共计约200人，通过制订并发布《企业社会责任信息报告制度》明确各层级的职责划分，同时规范企业社会责任信息报告工作；为了便于协调各个层级工作小组沟通，中国平安内部还制订《中国平安企业社会责任指标管理体系工作手册》，令各个CSR非正式工作小组成员更好地运用CSR指标进行管理。

在企业社会责任风险控制方面，2011年中国平安完成内控责任风险控制矩阵，对流程和制度进行控制缺陷监控，实现CSR对业务经营层面的风险管控。

“5项措施，与当年平安集团加强内部合规控制战略密不可分。”一位平安集团人士透露。2011年可谓是“中国平安集团内控合规年”——随着银行、保险、信托、证券、投资等业务规模的高速增长，集团高层越来越强烈地意识到强化内控合规的重要性，尤其是在一场突如其来的次贷危机与欧债危机严重拖累全球经济增长速度的情况下，平安集团加强内部合规管理与风险管理，不仅是对员工负责，更是对股东负责。

2011年，在公司董事会及审计与风险管理委员会的指导下，平安集团合规部门、风险管理部门、稽核监察部门加强协同配合，紧紧围绕“2011平安内控合规年”的主题，进一步提升内部控制和风险管理水平，巩固“平安信赖工程”，依照“以制度为基础、以风险为导向、以流程为纽带、以内控平

台系统为抓手”的思路，将风险管理的原则、要求与方法更好地融入到我们的经营管理制度、业务操作流程和IT系统平台中，强化内控文化建设与内控考核问责，加强风险的源头管控，有效支持公司综合金融战略顺利实施，促进公司有效益、可持续、健康发展。

“CSR管理平台的建立，则是中国平安贯彻专业创造价值的缩影。”他透露，在建立CSR管理平台执行专业管理考核的同时，平安集团也与股东、员工、合作伙伴、客户、政府监管机构、环境及社会公益组织等利益相关方，就社会责任议题的关注方向用调查问卷和深度访谈的形式进行沟通，着手完善CSR信息披露与绩效考核标准。

比如，平安集团员工在问卷调查与访谈中普遍关心集团能否提供广阔的职业发展空间和合理有效的晋升机制，能否打造有效的压力舒缓渠道和健康的企业文化，以及能否提供培养个人专业技能和能力的机会与培训体系。

2011年，平安集团专门推出“EAP员工关怀计划”，倡导“快乐工作，健康生活”，组织8万多名员工体检，高达48631万人次学习情绪管理课程；在人才培养持续投入方面，去年中国平安共投入6.49亿元，要求全集团45008名内勤员工参加面授课程，人均培训运营费用高达4327元；集团内部推广“PK文化”，助推组织绩效和员工成长的双赢；并实施一系列员工薪酬改善举措与综合福利保障计划。

“这种沟通机制将变成常态化。”上述平安集团人士透露，中国平安需要通过开展广泛、深入、形式多样的沟通，掌握利益相关方对于中国平安CSR战略管理实践、评估与信息披露等各个环节的全面要求，作为提升中国平安CSR工作专业性的依据，最终协助中国平安集团塑造专业的企业社会责任形象。

目前，中国平安集团已连续十年获评“中国最受尊敬企业”，连续七年获评“中国最佳企业公民”，连续六年获评“最具责任感企业”。在中国平安看来，这些荣誉绝不是“终点”，而是全新的、更高的“起点”——它们将激励中国平安集团在履行社会责任的路上走得更远。

第四章

企业公民实践之二：企业的员工关系管理

员工是企业财富的创造者，如果失去了员工的支持和奉献，企业会在一夜之间分崩离析。正是因为如此，一些企业管理者常说的一句话是："在我们公司，员工是最重要的资产。"

从企业公民的角度来讲，员工是企业最为重要的利益相关方之一。善待员工，也因此而成为企业公民的基本要求。在过去30年中国制造业快速发展的过程中，中国出现过一些所谓的"血汗工厂"，它们如何对待员工的事实一经披露，便广受批评；知名的制造企业富士康还曾连续发生过员工跳楼的事件。这些都表明，虽然员工的重要性不言而喻，但并非所有的企业在善待员工方面都已经做得很好。

还有的企业，连善待自己的员工都没做到，却四处花钱去做一些慈善公益活动，给外界一种乐善好施的印象。对于这样的企业，我们有理由质疑，他们的慈善公益行为，实际上是一种以营销为目的的"公益秀"，带有明显的"洗绿"的痕迹。

企业对员工的重视，不能仅仅停留在管理者的口头上，而应该体现在企业的管理实践之中。善待员工，也并不仅仅是指企业要为员工提供良好的薪酬回报。良好的薪酬待遇，或许能让员工对雇主的慷慨心存感激，但还不足以让员工为身为企业的一名成员而自豪。要想获得员工发自内心的尊重，企业需要在员工关系管理上做得更多，比如说，雇佣过程中的公平、公正，员工应有的合法权益的保障，企业文化建设，加强与员工的沟通交流等等，这些都是企业员工关系管理的重要内容。

本章的两个案例，苏宁和中国建设银行，一个是家电零售业的领军者，一个是四大国有银行之一，它们都通过组织管理制度的创新来吸收、培养和挽留人才。在苏宁，“1200工程”“千名维修技术蓝领工程”“百名店长工程”“中层管理梯队工程”等四大人才培养工程为苏宁的超高速发展提供了各类人才储备。而中国建设银行，则以“四化”（抽屉化、网络化、国际化、人性化）的方式进行员工关系管理创新。他们的做法都有可资借鉴之处。

第一节 苏宁：将人才建设系统化

“人力资本是比货币资本更重要的资本。”苏宁电器董事长张近东如是说。公司将人力资源视为企业长久发展的战略资本，员工是公司的最大财富，也是公司发展的核心竞争力。

目前，苏宁拥有近20万名员工，过去10年，员工人数增长了50倍，是中国最大的民营企业雇主。秉承“人品优先、能力适度、敬业为本、团队第一”的用人理念，苏宁电器坚持自主培养、内部提拔的人才培养方针，倡导员工与企业共同成长、价值共享、利益共享、责任共担。

由于公司发展迅速，苏宁的员工升职速度非常快。近几年来，苏宁各级员工的晋升比例每年均达到了50%，这给一大批年轻的苏宁员工提供了一个广阔的展示舞台和不断提升自我的空间。

在此基础上，苏宁的员工活动以制度化的方式贯彻落实。通过苏宁之夏、运动会、民俗与仪式、节日团聚、部门聚餐等制度化的活动，来传承企业文化，营造良好的团队氛围。员工间也得以进一步增强内部的沟通和交流，增强企业的凝聚力和向心力，促进企业的健康发展。

一、夯实组织基础

2000年，苏宁确立了以综合电器升级、连锁扩张提速为战略的二次创业计划，而人力资源管理，则是苏宁快速扩张的助推器。

应该说，苏宁正式、独立的人力资源部门是2000年下半年成立的，在此之前，人力资源管理工作并在办公室职能中，1万多人的员工规模，总部从事人事工作的仅有4名员工，人力资源管理基础之薄弱可想而知。此后，伴随着苏宁在全国的纵横驰骋，人力资源管理系统也不断发展壮大。

到了2006年初，苏宁电器人力资源体系的员工已有500多名，形成了金字塔型的总部、大区和子公司三级人力资源管理体系：总部的人力资源管理中心直属苏宁最高管理机构总裁办公室，并设立人力资源总监办公室，协助总监开展工作，同时按照专业化分工的原则设有招聘管理部、培训管理部、薪酬绩效部、人事管理部、企业文化部（2006年初）；大区设人力资源部，子公司设人事部，人力资源职能基本上与总部对应，每一个终端（店面、物流和售后）都配有相应的人事专员，从而形成了完善的人力资源管理网络。

在苏宁的人力资源系统中，总部人力资源管理中心的定位是制订标准，即负责人力资源管理制度和工作流程的制订与完善，目前已形成了厚达200余页的《人力资源管理手册》，内容非常完善，且符合苏宁管理的“四化”（制度化、简单化、标准化和信息化）要求，这么做是为了在各地进行“又快又好的标准化复制”。

与此同时，人力资源的制度建设是一个持续而不间断的过程，面对在实际操作过程中反映出的大量问题，大区和子公司可以随时提出建议，但前提是不允许随意改动公司制度。换言之，制订和完善制度及作业标准的最终权限仍掌握在总部人力资源管理中心，以保证执行的效率。

但另一方面，总部也在考虑适度的“放权”。目前，苏宁部长级以上的员工（含子公司部门经理）共有2000余人，他们的任命、薪资、调动、考核等人事管辖权都在总部人力资源管理中心。但随着制度的不断完善，苏宁将会把一些部长级员工的管理权限下放给大区人力资源部。毕竟，只要制度有保障，就不怕有人滥用职权。

在此基础上，总部人力资源管理中心、大区人力资源部以及子公司人事部之间的沟通和配合显得尤为重要。目前，苏宁主要建立了几个沟通渠道：一是制度化沟通机制，比如各大区人力资源部负责人必须亲自完成的日报、周报和月报等；二是利用电话、邮件等随机沟通；三是每个月人力资源系统都召开电视视频会议，各大区人力资源经理每季度都要回总部开会；四是不断加强总部与大区的人员互调，主要是为了防止一直在区域工作的人可能会存在的心理障碍——担心总部领导很忙，不愿轻易打扰，而这可能会影响解决问题的速度与效果。与之相反，从总部派出去的人和总部之间是没有隔阂的，遇到困难时，很容易想到马上就给总部打电话寻求支持。

二、招聘的门槛

一直以来，苏宁秉持这样的人才观：人品优先、能力适度、敬业为本、团队第一。

“人品优先”实际上包含三层含义：首先是指勤奋、诚实、正直等个人品质；其次是职业素养，也就是强调要有责任心、公私分明和敬业精神；第三方面是文化融入问题，也就是要考虑应聘者的价值观是否能和苏宁相融合——这是一个很关键的问题，如果判定某人不能融入，苏宁就坚决不用。

而在实际工作中，一些部门在招聘时也遇到过这样的问题：感觉某位应聘者很不错，见多识广，条理也很清楚，便决定任用；但任用之后却发现这人并不能很好地融入苏宁的工作体系，有些人在实际工作中开始指责抱怨，甚至变成一种对抗，严重影响了工作和内部氛围，最后不欢而散。

对于“能力适度”，苏宁也有着自己的理解。对公司而言，“能力适度”并不是“能力适中”，更不是不重能力。在苏宁，能力是相对于岗位而言的，将一个合适的人放在合适的岗位上，充分发挥其价值和潜能，既满足了企业的需要，员工也会有成就感。因此，“能力适度”实际上是根据岗位的要求选择适合的人才。另一方面，“能力适度”也意味着不能求全责备，而是要根据每个人的特长安排适合的岗位。

落实在具体招聘中，苏宁招人讲究“严进”，每个应聘苏宁的应试者，都要通过严格的笔试，并且至少要经过3至6位考官的两轮面试。第一轮面试主要由人力资源部门考察应聘者的基本情况和综合素质，第二轮的复试由人力资源部门与用人部门共同完成。

打个比方，苏宁在招聘营销人员时，首先由人力资源部对应聘者的人品、逻辑思维能力、职业意向和价值取向进行全面了解，然后考察应聘者相关专业背景和技能，并与用人部门探讨评估，达成基本共识。另外，有幸闯过面试关的人，还要接受严格的背景调查，有不良个人记录的人，同样会被挡在苏宁的大门外。整体上，中层干部的录用率只有4％－6％，应届本科生的录用率只有5％－8％。

进一步说，苏宁针对核心人才引进，制订了七项统一的优选标准：

1. 认同苏宁企业文化，热爱苏宁，愿意与苏宁共同成长；

2. 将工作当事业，工作充满激情与斗志，不断进取，善于在工作中发现乐趣；

3. 服从公司指令和指挥，不讲条件和借口，执行力度高；

4. 工作责任心强，主动认真，事事有结果，让同事放心；

5. 爱憎分明，敢于维护苏宁的企业形象，自觉自愿地做苏宁的形象代表；

6．熟悉公司制度规范和流程框架，并能不断丰富经验，努力创造良好业绩；

7．善于沟通合作，团队意识强，与同事坦诚相见，有深厚感情。

在严格招聘的基础上，苏宁建立了一套独特而系统的、极富个性的快速人才培养机制。

具体说来，苏宁内部的培训主要分为三类：一是所有新员工必须接受的上岗培训，比如新入职部长级以上员工标准化的15天封闭培训，其特点是大规模、批量化、同质性和标准化；二是针对在职人员的绩效提升培训，比如终端员工技能比武、四大终端人员联合演习、部门双周培训等，主要围绕改善工作业绩、提高操作熟练度等问题进行，其特点是定期化、常规化、形式多样、途径丰富；三是晋升培训，也就是梯队培训，比如店长工程、梯队工程等，主要是为了提前储备管理人员，以便帮助其晋升后适应更高的岗位，其特点是分体系、分层级并与绩效考核紧密挂钩。

与之相对应地，苏宁为员工制订了清晰的、可实现的职业生涯规划：从员工入职集训开始，到下终端、部门实习、B梯队、A梯队、E梯队等，员工可以清晰看到自己在企业的成长轨迹。

三、四大人才工程

在苏宁人才培养机制中，最具特色的是“1200工程”“千名维修技术蓝领工程”“百名店长工程”“中层管理梯队工程”等系列品牌工程，正是这四大人才培养工程为苏宁的超高速发展提供了各类人才储备。

1．1200工程

2002年10月，根据自主培养、内部提拔的用人方针，苏宁启动了“1200工程”——在全国40所重点院校招聘1200名应届大学生。

苏宁举办“1200工程”的目标是期望通过全面、系统的培养，使应届大学生在两年左右的时间内，成为集团中层管理团队的核心骨干。因此，当大学生进入“1200工程”后，需要经过流水线式的培训。首先是半个月的全封闭训练，包括企业文化、企业发展史、企业的经营管理体系、各个部门的工作职责和运作流程、职业素质教育、优秀员工座谈会、军训、拓展训练等。与此同时，培训师资也很雄厚，主要由苏宁的总裁、副总裁、各部门总监、优秀老员工、南京军区的优秀军官等担任。

之后，他们会被安排到公司的“四大终端”（即连锁店、物流中心、售后中心、客服中心）去轮岗实习2个月，与消费者直接接触。在这个过程中，公司安排一对一的导师带教，帮他们完成职业角色的转变，同时让他们尽快了解相关岗位的职责要求。合格后，他们才会被调入对应的各管理职能部门或各终端开始工作见习。根据“1200工程”一期的统计结果，把一个刚毕业的大学生培养成基本能上岗工作的员工，每年需要支付的费用为10477元。

从2002年“1200工程”一期至今，苏宁投入了1亿元以上的资金。与启动初期公司上下多数人员的冷淡和怀疑形成鲜明对比的是，“1200工程”的员工已经成为苏宁最为抢手的人才。

2．千名维修技术蓝领工程

2003年，苏宁延续“1200工程”项目的操作思路及经验，拟订了“千名维修技术蓝领工程”计划，通过与职业培训学校合作引进学生、与民政厅合作引进复员军人、在社会招聘成熟的技术工人三种方式形成了一个家电维修人员梯队，并建起了一套“苏宁维修技术队伍培养模式”。

这种模式与传统的培训模式有很大差别，首先在培训内容方面注重动作分解、操作训练和情景模拟；其次在考核方面，对所有学员进行资格认证，予以定级。这种在大量实践基础上总结出来的模式非常实用，且效果显著，极大地提高了维修技工的水平。

3．百名店长工程

2004年3月30日，苏宁总部、各大区、各子公司连锁店体系管理人员通过全国视频会议系统召开了“百名店长工程”启动仪式暨动员大会。在全国十大城市启动的“百名店长工程”，专门针对店面管理人员的缺口进行了人员的招聘和培训。通过外部招聘和内部选拔的方式，苏宁从全国上千名高素质的商界精英中挑选出160名优秀人才，于2004年8月1日至25日举办店长工程一期集训。这种集训包括约200个课时，主要从军事训练、企业公共知识、连锁店专业知识和管理人员综合素质提高四个方面进行。从2005年开始，苏宁每年培养和储备100—200名优秀的连锁店长。

4．中层管理梯队工程

“中层管理梯队工程”是苏宁为未来培养储备干部的重要人才战略，以确保苏宁持续发展的后劲。根据梯队建设整体计划，梯队项目紧紧围绕苏宁连锁发展规划，分期分批从公司内部和社会集中选拔具有一定工作经验和培养潜力的优秀人员，从军事训练、体能、公共课程、各体系专业课程、实践学习等方面进行系统培训。

第二节 建设银行：人才管理靠“四化”

随着社会主义市场经济体系的完善，以及全方位、多层次、宽领域对外开放政策的实施，中国的金融市场需求已经和正在发生巨大的变化。特别是随着中国入世承诺的逐步履行，我国银行的人力资源和国际接轨的发展趋势将更为突出。

众所周知，人才的竞争才是最大的竞争，整个人力资源市场和银行体系将形成新的发展框架和格局。这种情况下，银行应如何在人才争夺中稳操胜券呢？建设银行的四个策略可以被借鉴，即抽屉化、网络化、国际化、人性化。

在此基础上，建行为了建设银行，使全行的改革更加稳妥高效地推进，先后制订出台人事与激励约束机制改革总体方案与配套办法60多个。其中，建行以实现发展战略、增强核心竞争力为出发点，紧密结合实际后，坚持合理、合法、合情原则，全面引入现代企业管理先进理论；积极探索职务能上能下、收入能增能减、人员能进能出的激励约束机制，以实现建行企业价值最大化和员工个人价值最大化的有机统一。

如今，建行的人力资源管理与开发方面结出的硕果，正成为稳步推进股份制改造的“发电机”，在建行成为资本充足、内控严密、运营安全、服务和效益良好的现代金融企业的道路上，提供不懈的动力。

一、“四化”原则

所谓“四化”，其一是指抽屉化。在每个员工办公桌的抽屉里，都有一个明确的职务工作规范，在管理中，既不能有职无权，也不能有责无权，更不能有权无责，必须责、权、利相结合。

换言之，银行实行抽屉化管理，就必须要明确企业内部各个岗位的主要职责及各个职务之间的分工与协作关系。建设银行建立抽屉式管理的步骤是：（1）建立一个由银行各个部门组成的职务分析小组；（2）正确处理银行内部职权与职权的关系；（3）围绕本行的总体目标层层分解，逐步落实职责权限范围；（4）编写“职务说明”与“职务规则”，制订出对每个职务工作的要求准则，同时本行也考虑到考核制度与奖惩制度相结合。进行抽屉化管理，能理顺银行内部各个职务主要责任、权力、利益，明确各个职务之间的分工和协作关系，同时也对行里员工根据员工的专业、特长进行针对性的培养，以达成人和事的合理配合。

二是网络化。所谓的网络化指的是利用网络的形式进行学习，根据实践进行网上培训，把一些分散的信息系统化。众所周知，21世纪是网络化的世纪。网络将成为这个世纪的主流，对网络化机会的把握，将最终决定企业命运。建设银行运用网络把有关人力资源的分散信息集中化并进行分析，优化人力资源的管理的流程，能够实现人力资源管理的自动化，并与银行内部其他系统进行匹配。

与此同时，建设银行也运用局域网对所有的在职员工进行分门别类的岗位培训，包括金融职业道德教育、继续教育等。实践证明，网络使培训的形式更加丰富多彩——手段更有效，门类更齐全，能够满足银行不同的需求。

三是国际化。国际化指的是培养具备跨文化工作经验和跨文化管理能力的人才。自从中国加入世界贸易组织后，建行已多次组团赴海外聘才，开出海外招聘的高薪。高级专业人才和高级管理人才，年薪达人民币20万元至50万元。之所以开出“天价”到海外招人，是因为建设银行意识到现有的人才与国际先进管理水平相比仍有较大差距，影响了银行与国际接轨的脚步。高薪聘请国际化人才，是激烈的市场竞争的要求，也是中国银行业的必然选择。而要打造国际化的银行，就必须吸引国际化的人才。

四是人性化。人性化指的是，企业在做好管理的情况下，做到人本互动管理。人性化的出发点是尊重员工，理解员工，而尊重员工的基础离不开制度面前人人平等。

在建设银行看来，公司有两个“上帝”，一个是顾客，另一个是员工，并独树一帜地大胆提出了“员工第一，顾客第二”的口号。通常情况下，我们会觉得顾客是产品的购买者，能帮助企业实现利润，所以只承认顾客是上帝，但建设银行已经意识到了员工的重要性，意识到了员工队伍的稳定、创造性的大小、素质的高低、凝聚力的强弱直接影响着银行的效益和发展。

在金融职业道德方面，行内多次为员工开展职业道德讲座，并与员工进行面对面交流。公司在员工的福利、待遇、住房等方面则大力实行“人性化”，使员工提高了工作积极性，并在行里形成良好的工作氛围。

众所周知，传统的人力资源管理强调刚性化，过多地注重表面现象。而市场竞争归根到底是人才的竞争，银行的人力资源管理更应强调人性化，才能达到事半功倍的效果。

二、从“伯乐相马”到“赛场竞马”

在人员的招聘和选拔上，建设银行全面实施了领导人员聘任制，引入竞争机制，拓宽了选人和用人的渠道。进一步说，公司全面推行择优聘任、公开竞聘，实现由“伯乐相马”到“赛场竞马”的转变。对德才兼备、群众公认、工作实绩突出的优秀年轻员工，建行大胆选拔使用，对相对不适岗、不适应改革和发展要求的领导人员，及时进行适当调整，真正实现领导职务的“能上能下”。

不过，这种变革并非一蹴而就。为有效推行用工制度改革，建行以控制用工总量、优化人员结构为重点，首先挑选4个有代表性的分行进行调研。在调研过程中，建行着重了解了各级行长对用工制度改革的认识、面临的困难和问题、采取的措施、工作的设想和建议等方面情况。同时，通过下发各类用工情况调查表，建行对2个分行各级机构的人员总量、业务规模、岗位人员分布等情况作了详细调查。

在此基础上，建行提出了“建立一个机制（竞争淘汰机制），形成两种力量（对人才的凝集力和对冗员的外推力），强化三个基础（领导基础、群众基础、管理基础），疏通多种渠道（妥善安置分流富余人员）”的指导思路。经过一段时间的运行，效果十分明显。

据了解，早在2003年，建行全行已经通过公开竞聘，选出9名总行副总经理级管理人员、579名高级经理级人员和3800多名经办岗位职务人员。与此同时，1100多名管理人员在竞聘中落选或被解聘其管理岗位职务，其中总行部门副总经理级以上的管理人员6名。值得一提的是，一级分行行级管理人员和总行副总经理及以上管理人员，已由过去的任命制，全部改为聘任制。总行行长和一级分行行长、总行部门总经理签订了任期目标责任书，按照确定的任期目标责任严格考核，与个人绩效分配挂钩。

与之相应的是，从2002年底到2004年初，建行的中长期劳动合同制员工大专及以上学历由61.2%提高到63.1%，其中本科及以上学历占比由20.7%提高到22.1%；短期劳动合同制员工大专及以上学历由32.9%提高到35.4%。从

1998年起，建行便运用市场化手段先后从海外引进多名重要岗位的稀缺优秀人才。眼下，建行在重组改制、信贷审批、资产证券化等关键部门均有海外引进的专业人才担任中高级管理职务。

一厢是用人、用工制度的改革，另一厢，建行也全面展开了薪酬制度改革。这种改革以住房分配货币化改革为突破口，以工资总额管理、员工工资分配、一级分行行级领导年薪制、企业年金、补充医疗保险等为主要内容。如今，多个分行已正式成立薪酬管理委员会。

建行的人力资源部负责人称，通过全行员工的共同努力，改革的深度和广度已初具规模，改革的理念、政策、方法步骤已成为全行员工、特别是高级管理层的一致共识。这种情况下，充满生机与活力的人事与激励约束机制改革各项措施已基本到位，一个激励有力、约束有效、吸引人才、留住人才、用好人才的全新的市场化人才管理机制正在形成。

三、员工激励

一直以来，建行将员工视为最宝贵的财富，只有集中员工智慧，才能更好地提高建行的价值创造力，加快建设世界一流银行的步伐。为了激发和弘扬职工主人翁精神，建行在深化内部改革、完善民主管理、创建和谐企业方面下了不少工夫。

比如，建行近年来面向全行员工开展了诸如“快乐工作”“我来支招”“金点子征集”等活动，制订产品创新激励办法，积极培养、激发广大员工的主动精神和创造精神，营造了创新有为、与时争先的浓厚氛围。2006年以来，全行自主实施完成了892个流程优化项目，累计完成产品创新1046项，极大地提高了建行的市场竞争力。

为进一步引领和激励广大员工创优争先，建行在全行开展了抓服务、讲合规、促发展主题系列活动，促进了以客户为中心理念的深入落实，增强了员工的风险防范意识，并且规范了员工的职业操守。与此同时，各业务条线、各分行围绕提高市场竞争力和增强团队合作，开展了形式多样的业务竞赛和评先表彰活动。通过业务比拼，建行进一步调动了员工积极性，激发了员工的学习热情，鼓励员工主动加强学习，努力掌握各种新知识、新技术、新业务。

而在薪酬改革方面，建行的态度在国有四大银行中也是最为积极的。据了解，建行的股权激励计划共分两个部分：股票增值权计划和雇员股份政策。据悉，建行的股票期权激励计划将首先从高管开始。

股票增值权计划主要是针对建行的高层管理人员，包括董事、监事、管理层以及董事会指定的其他员工。具体说来，股票增值权是一种虚拟的股份激励计划，持有人将从公司获得一笔现金，金额相当于股份期权计划中执行期权获得的股份增值收益。

按照建行的股票增值权计划，自批授日期起的第三周年当日开始，每位享有股票增值权的人每年最多可行使25%的股份增值权，并且每人还可收取与授予日建行H股收市价与行使日期前一年建行H股平均市价差额的款项。

对于普通员工，建行董事会及股东将批准一项员工持股政策，由职工自己花钱购买股份，并且这些股份可以流通。不过，“职工自愿持股计划”的整个规模将可能不会超过5%。

除员工持股计划之外，建行加大了有关人力资源方面的改革步伐，通过用人制度、用工制度、薪酬制度、培训体制等一系列人事与激励约束机制改革，实现了由人力资源管理层面向人力资本管理层面的跨越。

为了进一步提升人力资本水平，建行积极借鉴国外先进银行经验，立足建行实际，逐步完善人力资源管理和薪酬考核体制。在薪酬体系上，建行强调薪酬分配要向一线、向客户经理、向有突出贡献的经营管理人员倾斜；倡导和帮助每个员工制订职业生涯规划；将员工的利益与建行的发展结合起来；强调员工的培训工作，将培训纳入到整个人力资源管理和薪酬体系中。

在此基础上，建行还积极提倡公开选拔优秀的管理人才和业务人才，审议通过了《关于通过市场化办法选聘高中级管理人员的议案》。

第五章

企业公民实践之三：企业的消费者关系管理

消费者永远是企业愿意去积极取悦（虽然有时候只是口头上的取悦）的对象。而让很多企业感到苦恼的是，现在的消费者变得越来越“耳聪目明”，他们越来越难以被糊弄，更别说要让他们感到满意。

从短缺经济进入到丰裕经济，这是消费者变得越来越“挑剔”的时代大背景；而信息技术的发展使得信息更加易于流动和被获取，则让消费者拥有了认知企业并将这种认知在消费者中迅速传播的技术手段。企业管理者需要明白的一个趋势是，消费者对企业的认知，并不仅限于企业提供的产品和服务。为消费者提供安全、优质的产品和服务，这是企业理应承担的最基本的市场责任。一个能够良好地履行市场责任的企业，当然能获得消费者的肯定。但是，除了市场责任之外，企业还需要履行社会责任和环境责任，假如企业在这两种责任的履行方面未能满足消费者的期待，就会给自己带来失去消费者支持的风险。

消费者是企业最重要的利益相关方之一，企业需要积极做好消费者关系管理。一般来讲，为消费者提供真实准确的产品信息、提高产品质量、开展良好的售后服务、管理消费者投诉是消费者关系管理的基本内容。如今，消费者越来越具备判断力且对企业有了更多的期待，这给企业的消费者关系管理平添了几分复杂性。与消费者进行更充分的沟通，增强企业的透明度，会有利于企业做好这一工作。

本章的两个案例，中国农业银行和新世界地产，分属不同的行业，它们的共同点是，以责任心善待客户，建立完善的客户服务渠道和体系，在更广泛的层面回应消费者的期待。中国农业银行，以“新农保”代理探索大银行服务“三农”的新模式；新世界地产，建立三级客户投诉流程，尽心尽力处理好客户投诉。它们的做法当然还有很大的提升空间，但是在消费者关系管理方面已经做出了有效的尝试。

第一节　中国农业银行：“三农”践行者

“以前到镇上取养老保险，光车费就要10多元，路上还要耽搁1个多小时。像我们这把年纪的人就更不方便了！现在走路不用5分钟，在自家门口就可以取到了。”湖北洪湖市周坊村67岁的胡腊珍老人讲起了中国农业银行在当地“新农保”服务站的好处。在周坊村，有480多位村民能像胡腊珍老人那样通过中国农业银行湖北分行的“新农保”代理在自家门口领取养老金，享受到贴心的金融服务。

作为农业银行向农村客户提供的创新金融服务，“新农保”代理是其服务“三农”、拓展农村金融服务的项目之一。在国家加强和改善宏观调控的过程中，中国农业银行作为一家横跨城乡的大型国有控股银行，正在不断加大“三农”信贷投入，深入探索大型银行服务“三农”的新模式，有力支持了农业发展、农村繁荣和农民增收。

一、服务“三农”新路子

2011年，农业银行迎来60年华诞。辛卯到庚寅，甲子一轮回。60年来，农业银行秉承国家赋予的使命，始终坚持大行的责任担当，一路辛勤耕耘，发展为一家联通城乡、覆盖全国、辐射全球的大型上市银行。1951年7月，为恢复与发展农业经济，国家决定设立农业合作银行，开启了农村金融发展的新纪元。从此，农业银行走上了一条根植农村、面向农业、服务农民的发展之路。60年来，农业银行始终忠实履行国家和社会赋予的责任，以服务“三农”为根本，以支持城乡经济社会发展为己任，培育出“责任为先、兼善天下”的文化基因。

农业银行的公司治理始终贯穿责任理念。2009年，中国农业银行股份有限公司成立，确立了“面向三农，服务城乡，回报股东，成就员工”的责任使命。在重大战略决策上，农业银行实施城乡联动发展战略，致力于向最广大客户提供优质金融服务。在业务重点上，农行优先支持“三农”和县域经济发展，做到“股改不改支农方向，上市不减支农力度”，积极探索大型商业银行服务“三农”的新路子。

近年来，农业银行以强农、惠农、富农为目标，致力于支持农业产业化和农村城镇化发展；扩大基础金融服务，开展金融服务“村村通”工程，使广大农民足不出村就能享受现代金融服务。与此同时，积极解决农民贷款难问题，促进农业增产和农民增收。截至2011年末，共设立助农取款服务点7.6万个，县域布放电子机具达140.36万台，行政村覆盖率达38%。大力破解农民贷款难问题，农户贷款余额达到1306亿元，同比增长21.7%；发放涉农贷款余额16753亿元，发放惠农卡9822万张，惠及3亿农民客户。新农保及新农合代理范围扩大到全国1205个县。

在这个过程中，为了扩大农村基础金融服务覆盖面，2011年，农业银行把科技创新作为延伸“三农”金融服务网络的重要途径。在全国实施推进金穗惠农金融服务“村村通”工程的过程中，在县域及县域以下农村地区配置ATM、CRS等现金类自助银行设备2.5万台、转账电话136.8万台、POS机20.1万台，设立助农取款服务点7.6万个，全国行政村覆盖率达38%，使广大农民“足不出村”就能持卡消费和办理取款、转账等金融业务。

“农行的服务真好，我们现在转着街顺便就把钱拿到手了，再也不用溜索、爬山、搭便车了。”在云南怒江福贡县鹿马登乡赤洒底村惠农支付点取钱的百姓阿恰加高兴地说。截至2011年末，云南分行在怒江傈族自治州已建成POS惠农支付服务点188个，惠及近30万农民。

同样的案例也发生在山西。2011年，山西分行在全省以“惠农卡+转账电话”为模式推进金融服务“村村通”工程。“村村通”有效破解了农村地区的支付结算难题，使农民足不出村就可方便支取现金，农产品交易可以就地转账结算，日常消费可以直接刷卡，同时确保了各项涉农补贴资金及时、准确到账，提高了管理效率。截至年末，在全省21303个行政村布放转账电话49657部，机到村覆盖率达到98.84%；累计发放惠农卡682万张，卡到户覆盖率达到99.42%；累计发放财政补贴资金60.16亿元。“村村通”工程得到社会各界的肯定，山西省委书记袁纯清同志三次做出重要批示，山西分行获得2011年全国金融机构服务“三农”最佳社会责任奖。

二、致力于企业客户的服务

除去立足农村的各项金融服务以外，作为一家大型国有控股银行，农业银行依然坚持服务客户“走出去”。2011年，农行跟随客户海外业务的步伐，持续构建境内外、本外币一体化的业务模式，进一步完善境外机构网络布局，将金融服务直接延伸到客户“走出去”的国家和地区。2011年，代理行数量达到1350家，英国子行和首尔分行获批设立。

其中成功的案例之一便是支持诚通集团实施“走出去”战略。中国诚通控股集团有限公司是国资委监管的大型企业，近年主动实施“走出去”战略。2011年，农行总部大力支持其俄罗斯项目的固定资产建设，对其下属子公司欧洲商业开发投资管理中心发放贷款，并作为主承销商为集团子公司——中国诚通发展集团有限公司在香港成功发行6亿元人民币债券。与此同时，在中小企业融资难的浙江温州，农行分行也在积极支持出口企业渡过难关。2011年，浙江温州不少外向型企业主都面临资金短缺的境况。面对这一现状，温州瑞安支行充分运用境内外资金市场利率、汇率及表外业务优势，积极拓展进出口押汇、跨境结汇通等外汇理财产品，帮助外贸企业制订风险规避理财方案，防范汇率风险并增加结汇收益。2011年，仅为当地某企业办理跨境结汇通业务，瑞安支行就为企业直接增加收益1000余万元，获得了企业的信赖。

一手助力我国企业“走出去”的同时，农业银行也在用另一只手助力小微企业在国内的健康发展。2011年，农行出台了《关于进一步支持小型和微型企业健康发展的政策措施》，提出支持小微企业实体经济发展，努力满足企业合理融资需求；降低企业融资成本，杜绝各项不合理收费；维持企业资金链安全等十二项措施，全力帮助小微客户渡过资金难关。截至2011年末，共为45265户小微企业提供信贷支持，贷款余额5752.19亿元；发放个人助业贷款1100亿元，惠及数十万小微企业主和个体工商户。

其中，河南分行为缓解中小企业融资难问题实施了“小巨人”企业培育计划，对成长型小微企业加大信贷支持。新乡迈科纳公司是借助“小巨人”计划成长起来的典型。“多亏加入了农行的‘小巨人’企业信贷培育计划，我公司2011年的新增产量将比过去六年的总产能还多！”迈科纳公司总经理王占平高兴地说。

在贷款的同时，更重要的是需要创新中小企业金融产品。在过去的一年中，农行在加快推广“简式贷”“智动贷”“厂房贷”等小企业金融产品的基础上，积极开发产业链、供应链、物流链等贸易融资产品，推出“透支宝”“联保联信”“政府招标采购贷款”等十余项区域特色产品，引入金融租赁、股权投资基金等新型融资方式，助力中小企业拓宽融资渠道，并为高成长性、创新型的中小企业提供投资理财、上市咨询等综合金融服务，支持中小企业健康快速发展。

买卖宝信息技术有限公司是无锡一家从事移动电子商务业务的科技型中小企业。2011年公司销售快速增长，但流动资金短缺问题逐渐凸显，严重影响了客户订单交货。了解到企业困境后，无锡科技支行为买卖宝公司设计并发放了“股东信用保证贷款”300万元。“拿到贷款后，企业仅用两个月时间就实现了单月销售超千万元的业绩，全年销售有望超亿元。”公司总经理张小玮说。

三、建设完善的产品服务体系

在不断推出各项创新服务项目的同时，要实现客户关系的有效管理，作为一家国有大型银行还必须充分发挥网点网络、人才汇集和资金雄厚的优势。农行秉承“客户至上，始终如一”的服务理念，大力加强客户服务体系建设，组织开展网点“服务品质提升年”活动，提升服务质量和效率，提高客户满意度。

为了满足客户多样化的金融需求，农业银行建立了22家“三农”产品创新基地，加大“三农”特色融资、专属渠道产品创新力度，加快推动IC卡等核心产品研发，不断丰富对公产品体系，全面提升差异化服务质量。2011年，总、分行分别投放新产品70项和873项，其中“三农”特色产品30项，市场响应度和客户服务能力明显提升。

2011年4月20日，农行还正式推出国内首张旅游金融IC卡——张家界旅游卡。卡片服务功能更加强大，保密性能更加安全，技术操作更加智能化，同时提供同城本行提取超额还款免手续费的优惠。截至2011年末，该卡累计发行8911张，受到持卡人普遍欢迎。

面对特殊客户群，农业银行采取了一系列特殊服务手段。比如，为实现对官兵提供从入伍服役到退役安置的全流程金融服务，农行推出了退役金专用卡，提供免收工本费、异地支取手续费和简化开户激活手续等多项优惠服务。截至2011年末，共有37家分行发行此卡，发卡量达45万张，受到广大退役士兵的普遍欢迎。“有了农行的退役金专用卡，再不用发愁揣着现金回家了，而且这张卡异地取款没有手续费，让我们退伍老兵走得很安心。”新疆石河子市公安消防支队新城中队退伍战士李远飞说。

全面改善客户体验一直是企业面临的重要挑战之一。在这个方面，农行按照“网点分类、功能分区、服务分层、客户分流、产品分销”的原则，推进网点转型，打造标准化服务平台，为广大客户提供优质、高效、舒适的金融服务环境。2011年，建设完工网点3965个（含自助银行），建成财富型网点1620个。在2011年度中国银行业协会组织的评比中，共有9家网点获得中国银行业文明规范服务百佳示范单位称号。通过扎实推进“微笑行动”等四项主题活动，巩固网点文明标准服务和营销技能提升导入成果，农行的客户体验和客户满意度全面提升。

在网络和科技不断发展的新环境下，金融行业更需要注意的是提供便捷的电子化金融服务。构建以网上银行、手机银行、自助银行为代表的电子交易渠道体系，以客户服务中心为代表的电子服务渠道体系以及覆盖12大行业的电子商务系统是农业银行在网络时代提高客户服务质量的关键措施。并且，农行以此优化业务流程，大力研发应用新产品、新技术，切实防范客户交易风险，满足客户多元化金融需求。截至2011年末，电子渠道交易笔数210.83亿笔，同比增长45.52%。对于中小企业的网上银行推广难问题，农行推出了企业网银“智锐版”，产品具有安装简单、操作灵活、功能实用的特点。推出仅半年时间，智锐版新增客户15.7万户，占企业网银客户增量的三分之二。

比互联网发展更加迅速的是客户的移动终端，手机银行客户端的建设是如今每家金融机构都在推进的工作之一。为拓展手机银行的服务功能，农行全年两次升级手机银行，新增消息定制、第三方存管、信用卡部分功能、基金、双利丰、银期转账等功能，有序推进手机银行客户端项目建设。截至2011年末，手机银行客户3483万户，新增2000万户；交易笔数5881万笔，交易金额1563亿元。

在互联网时代运营金融系统的一大挑战便是保障IT系统安全稳定。对此，为了应对业务快速发展、巨大的交易量、频繁的产品投产上线带来的系统压力，2011年，农行着力推动全行一体化生产运行体系，采用高并发海量数据处理等世界领先技术，满足多系统、多任务并发数据的处理需求；建立核心双备份的网络系统，确保业务交易网络运行安全；通过了ISO 20000IT服务管理体系和ISO 27001信息安全管理体系认证。通过信息科技系统的建设，在日均交易量破亿、交易峰值达到1.32亿笔的情况下，全行实现了信息系统总体运行平稳，生产系统标准可用率达99.98%，实现了零差错的服务目标。

针对互联网和手机网络信号覆盖不全面的偏远地区，农行也希望做到基本实现全联网。长期以来，西藏特殊的地理环境和相对滞后的基础设施建设，制约着金融服务业的信息网络建设。为缩小西藏城乡金融发展差距，农行高度重视和支持辖属西藏分行推进营业网点电子信息化建设。截至2011年末，西藏分行电子化网点达到209个，基本实现了所有城区网点、县支行及重点乡镇营业所的电子化，同步完成与全系统网点的互联互通，进而也为农行在农牧区推广小额信用贷款、安居工程贷款、惠农卡、新型农村养老保险等业务提供了强大的技术网络支持，针对雪域高原各族人民特别是广大农牧民的基础金融服务得到显著改善。

作为客户关系管理的重要环节，畅通的客户服务渠道是必不可少的。为此，企业必须积极推动客服中心的建设。农业银行如今的客服中心覆盖范围扩大到34家分行，形成总行客服中心（天津）、三农客服中心（成都）、客服中心（上海）和江苏、浙江、广东分行“3+3”客服体系，启动了“新一代”客服中心系统建设，持续完善客服系统功能，不断提高客户咨询及投诉的处理效率。截至2011年末，95599客服中心总呼入量达4.68亿通，转人工6233万通，有效处理客户投诉5.3万余件。

第二节　新世界地产的差异化客服

消费者总是会被那些自己熟悉和感到放心的品牌所吸引。过去十年中，企业经营环境的波动、环保和可持续发展的挑战、市场透明度的日益增长，都对消费者与企业之间的关系产生了深刻的影响。消费者的关注点已经不仅仅只是实际的产品或服务，他们还希望企业具备更多的责任心、更好的负责机制以及富有道德感的领导层。

新世界中国地产于1999年7月在香港联交所上市，为香港新世界发展有限公司的中国物业旗舰。作为在内地投资最早、投资规模最大的香港投资商之一，目前新世界集团在内地投资遍布中国内地20多个城市。新世界中国地产的执行董事郑志刚曾表示，一直以来新世界中国地产坚持履行“城市建设者”的使命，在全国20多个一、二线城市内不断探索更优质城市居住及生活理念。未来，新世界中国地产仍将继续以“新世界，新生活”为理念，进军充满增长机会的中西部城市。

在如今的房地产行业，产品的日益同质化导致单靠产品本身难保长久的魅力。人们对房子的需求已经不仅是避身养生的场所，同时还是价值、身份的体现。企业为消费者提供的也不仅仅是房子本身，还有企业的情感和文化。实现与消费者的情感沟通，往往是“手未出而占先机”。房地产企业需要做的是履行一种质量、信誉、价值的承诺，增强消费者的购买信心。

新世界中国地产作为新世界集团内的内地房地产旗舰企业，在企业公民理念方面与集团一脉相承，不断尝试把母公司已成熟的企业公民方式以及消费者管理理念在内地进行实践。进驻中国内地市场十年来，新世界中国地产一直不断探索更优越的都市居住理念，让不同阶层的家庭都能拥有更为舒适、更具品味的生活。

随着人们居住水平的提高，消费者对于户型的要求也越来越高。对于房子，他们不仅仅满足于“住”的功能，还要求最大范围发挥户型空间的实用率，这就要求开发商在产品设计方面更上一个台阶。因此，产品如何创新越来越成为开发商面前的一道难题。面对消费者不断更新的需求，房地产的产品创新也必须以产品的使用者为核心。

在这方面，无论哪一种产品与服务，最佳品质始终是新世界中国地产的核心价值。为了追求最佳品质，使新世界中国地产在市场赢得恒久的信赖，新世界中国地产开发了多元化的物业发展项目，通过不同档次及类型的物业，来满足不同市场对各种面积与功能物业的需求。多样化的市场需求，必将对住宅开发中的产品定位与住宅品质提出更严格的要求，而丰富的专业知识及项目规划、执行方面的实践经验，使得新世界中国地产得以在各类物业项目中游刃有余，在优质地段发展具国际水准的物业项目，提供优质的管理服务，使资产价值得以恒久保持。

一、善待客户

产品质量是建立房地产品牌的基础，也是建立良好的消费者关系的第一步。质量是品质的综合性概念，包括工程质量、功能质量、环境质量等等。一个优秀的房地产品牌应该在住宅的建筑设计、使用功能、配套设施等多方面做到优质，只有踏踏实实做好点点滴滴，才能赢得消费者的口碑，建立品牌的信誉大厦。

为此，新世界中国地产制订了严格的产品质量准则。首先，致力于提供合格的产品或服务。产品或服务价格合理，企业内部建立提高产品或服务质量的制度体系，提供真实、充分的产品或服务信息。企业内部执行较外部标准更严格的质量控制方法，对质量的坚持是企业的核心价值，对于材料、现场管理及过程监控都严格把关，实施严格质量控制方法，确保物业最佳品质。

新世界中国地产以“客户导向，强化执行，和谐共赢”为主旨，建立了产品质量管理体系，与此同时还确立了清晰的项目范围的界定与管理、项目全周期的开发报建管理以及ISO 9000的质量保障体系和标准化建设与技术资料的管理等内容。

对于还未交付的楼栋，工程现场质量安全监管是保障消费者利益，加强新世界中国地产与消费者关系的重要方面。在楼宇的交付过程中，新世界中国地产尊重客户对购买物业的知情权，物业验收前召开验收说明会，完善客户验收物业标准流程。

针对已经交付的地产项目，公司整合了母公司新世界集团资源，为客户提供更有效及跨领域的服务。于2008年底成立全国性客户组织——新中会，并联合集团关联企业发起了周大福新世界集团VIP计划，整合集团力量，建立客户信息数据库，构建了共享和利用顾客意见的体系，并建立了顾客专享优惠增值计划，组织了多次集团资源整合的客户活动，受到了众多客户的肯定及支持。在这个过程中也显示了新世界中国地产致力于提升社区环境及生活质素的做法。公司一直以来以“关心社会、服务社群”的精神，积极参与各项社区、教育、环保和公益活动，为建设更美好的新生活出一份力。

2010年8月28日，新中会北京地区与红黄蓝早教中心继续推出新中会亲子节系列活动——创意与绘画：中国绘画艺术活动。活动于当天下午在新世界中国地产旗下北京新怡家园社区举行，共吸引了70余组新中业主到场参加，活动分青花瓷画、水墨画、渲染画、窗花画四个篇章进行。活动旨在激发社区孩子的想象力与创造力，为新中业主营造更具创意与艺术氛围的新生活。

2011年，在广州，新世界中国地产（华南）社区运动嘉年华“2011社区火炬健康跑”于5月21日上午在广州岭南新世界、东方新世界、东逸花园及凯旋新世界盛大举行，这次活动也标志着本届社区运动会在新中会华南各个社区全面启动。较去年相比，这一次参与火炬传递的业主及家庭人数有了明显提升，近千人社区业主参与火炬传递并全程参与了火炬健康跑。接下来数周，各个社区还相继进行了羽毛球、乒乓球、游泳、五子棋、象棋等竞技类选拔赛，并于6月11日至12日于岭南新世界举行竞技类项目总决赛。6月18日，这一届社区运动嘉年华的闭幕仪式在凯旋新世界广粤天地举行，这次活动至此被打造成为一个健康欢乐的嘉年华会，并借此将健康、活力、愉悦的生活氛围传递到新中会华南的各个社区中。

在成都，2011年6月18日晚，由成都河畔新世界与华西都市报联合举办的“激情狂欢·乐动河畔”社区摇滚啤酒音乐节暨新中会两周年回馈季首场活动圆满落下帷幕。上千名嘉宾及业主共聚河畔新世界3000米锦江河畔，快女罗震环、著名原创音乐人苟伟以及数支本土知名乐队、街头篮球和街舞团体纷纷登场，将现场气氛不断推向高潮，令所有参与者尽享夏日的激情与狂欢。

二、责任心是金

消费者会选择那些能够支撑自身产品和服务、在出现问题时能从容解决的公司，更重要的，是能够利用自身的行业专长增进社会福祉的公司。在这个缺乏信任的时代，坚持原则、富有责任心的企业和品牌才会是消费者乐于持续相信的。消费者希望一个企业能在自己需要的时候及时出现，从不爽约。

同样，一个好的地产品牌，在经营消费者关系的过程中一定是以诚信和责任心为基础。诚信经营是品牌开发商需要坚守的理念。房地产品牌是业主对商品房的认可，是业主对开发商信任积累的结果。品牌价值不仅属于制造者，更属于消费者，只有消费者认同的产品才能成为品牌。

在房地产经营过程中，要想树立自身品牌，每个阶段都必须执行诚信的尺度。从广告宣传、销售、物业管理等方面，诚信与否都可能关系到一个地产品牌的荣辱。销售环节是否诚信也成为衡量企业品牌度的重要法宝。销售人员是买家最早接触的“开发商的人”，售楼人员对于项目的介绍以及小区配套的规划都必须抱着诚信的态度。物业管理则是最长期的诚信服务，也是最考验发展商品牌的重要因素。物业管理能否解决好客户问题直接影响业主与开发商关系的好与坏，自然也成为地产公司善待消费者的重要方面。针对这些问题，新世界中国地产定期进行客户满意度调查，并设立专门的投诉处理部门，积极高效处理客户反馈的一切问题。

新世界中国地产一向高度重视客户的意见及问题的反馈，并建立了三级客户投诉管理流程，以保证高效及时地处理各种客户问题：对于现场客户投诉，未交楼情况下由销售经理处理，已交楼的情况下由项目物管主任处理跟进，完成投诉记录；如果根据升级标准没有完成投诉予以升级到二级处理流程的投诉案例，则由项目行政经理负责处理；投诉案例升级到三级的则由项目负责人来处理；同时在这个过程中，项目行政部要跟进汇总投诉处理记录。

在这个三级客户投诉管理流程中，每一个级别的升级标准，新世界中国地产都设定了具体的规定。一级投诉上升到二级投诉的标准为：在项目物管主任/项目营销经理能力范围内不能解决的问题；项目物管主任/营销经理的权限无法解决的问题；客户指明要发展商解决的问题；项目物管主任/营销经理认为有潜在延伸的投诉。二级投诉上升到三级投诉的标准为：在项目行政经理能力范围内不能解决的问题；项目行政经理权限无法解决的问题（例如索偿金额过大）；项目行政经理认为有潜在延伸的投诉。当处理投诉的下级机构决定投诉需要升级时，上一级的投诉处理者需要作出是否接纳的决定。如上一级的投诉处理者决定不接纳该投诉升级时，需要通过工作建议或工作指引的方式，监督和协助下一级投诉工作的处理。

房地产业是一个涉及面广、关联度高、动用社会资源多的行业，产品质量的提高有赖于建筑施工、监理等关联行业的发展和其他市场资源的成熟。因此，作为一个负责任的开发商，必须有主动承担质量责任、促进产品质量改善的责任心。在这个方面，新世界中国地产采用有效渠道向客户提供信息，对顾客满意度评估和对顾客投诉积极应对，建立完善的顾客满意度评估体系和顾客反馈信息体系，对有质量缺陷的产品主动召回并给予顾客补偿。

新世界获得广大消费者和业界的高度认可，主要得益于其一贯坚持的“善待顾客，信守品质”的核心理念。业内人士分析，新世界把30余年成功积淀的社会责任感与积极实践的诚信理念深耕于各种经营行为中，以良好的产品、服务和社区文化理念，营造了良好的和谐社区氛围。

第六章

企业公民实践之四：企业的合作伙伴关系管理

没有企业可以离开合作伙伴的支持而独立生存，建立良好的供应链合作伙伴关系，这首先是一个与市场竞争息息相关的商业问题。这本是一个很浅显的道理，没有任何一个企业会对此提出异议。

只是，在现实的商业世界中，由于具体商业情境的复杂性，供应链冲突还是时有发生。我们曾经听说过这样的事例，有的企业，凭借自己在供应链上的强势主导地位，对上游供应商提出苛刻的条件，导致双方的合作难以继续，甚至还要对簿公堂。

之所以会发生这样的供应链冲突，一个可能的原因是，企业将自己的商业诉求视为最重要的考量因素，而没有意识到，与商业伙伴之间的合作关系一旦形成，那这种合作关系就不仅仅只是一个商业问题，它同时也事关企业的社会责任。

一个合格的企业公民不能无视它对合作伙伴的发展应当承担的责任。与合作伙伴建立长期的战略合作协议，是合作伙伴关系管理最基本的内容。为了这种战略合作的顺利开展，双方共享实验室、共享数据库，建立稳定的沟通交流平台，以及共同实施物流战略，这些都是极为重要的合作事项。在如今环境资源约束日益突出的背景之下，绿色供应链管理又成为合作伙伴关系管理中一个新的重大课题。企业要积极促进合作伙伴成为良好的企业公民，履行各自的社会责任。供应链上某个节点处的一个疏忽，最终可能会引发巨大的商业灾难，这其中的利害关系，企业不可不察。

兴业银行突破国内商业银行以企业客户和个人客户为主的传统思维，将国内中小银行作为重要的客户群体来开展营销和服务，探索“银银平台”的合作新模式，这种探索也为兴业银行的企业公民实践开辟了新方向；招商银行则将合作的触角伸向了行业之外，开展非竞争行业间的异业联盟，与腾讯、中国联通、东方航空等达成合作；而作为通讯网络服务商的中兴通讯，其企业公民实践已经从“独善其身”向整个产业链上下游延展，对供应链伙伴实施“CSR零容忍”，开展各种形式的活动帮助合作伙伴做良好的企业公民。在合作伙伴关系管理方面，这三家企业都进行了有效而可资借鉴的探索。

第一节　兴业银行：银银合作，和谐共生

“银银平台”是近年来兴业银行社会责任实践模式的一大积极探索，也是兴业可持续金融理念的具体创新——通过整合兴业自身资源，为城商行、城信社和农信社、农村商业银行、农村合作银行、村镇银行等中小银行提供一系列产品和服务，以帮助合作银行提升经营管理水平，丰富产品线，提高竞争力，带动中小银行共同迈向经营管理现代化之路。

该业务模式拓宽了国内金融机构间的合作思路，开辟了国内商业银行的业务领域和业务模式，运用差异化的竞争手段突破金融产品同质化的“瓶颈”。与此同时，兴业银行通过“银银平台”这一业务模式，进一步深化与中小银行合作机制，同时重塑银行业价值链，与价值链体系的上下游企业共同承担责任，建立共同承担社会责任的合作共赢机制，通过一致性战略和一体化标准，使价值链上的所有参与者一起建立共同履行企业责任的价值链。

一、平台历程

曾几何时，区域性银行以其植根多年的网点资源而被各方资本逐鹿，争得洛阳纸贵。各种银行业的并购，一直在不断挑逗业内人士的神经。

事实上，兴业银行也曾在2004年全盘并购佛山商业银行，并于此前陆续接手义乌、温州等地的农信社网点，但是，并购是否是如兴业这样的中小银行摆脱目前的网点掣肘的唯一选项呢？兴业银行给出的答案是，通过输出核心的产品、服务、技术，与拥有区域性网点的城商行、农信社合作，达到中小型银行的和谐共生。

我国中小银行业金融机构数量众多，按银监会年报的统计，截至2011年底，我国共有144家城市商业银行，212家农村商业银行，190家农村合作银行，2256家农村信用社，635家村镇银行，这几类银行业金融机构数加总起来共3437家。

在大型银行夹缝中谋生的中小银行，其最大的短板往往来自网点和产品线的缺失。中小银行的客户业务扩展至全国各地，有结算的需要，就需要结算的网络，同时也需要有多元化的产品。如果不能提供这些服务，客户就非常容易流失，因此中小银行寻求合作的迫切性往往大于大银行。

城商行由于规模较小并且地域性强，不具备搭建大型合作平台的实力与号

召力，具有潜在可能的只有国有大行与股份制银行。

对于国有大行而言，本身网点数量很多，区域分布也较为完善，搭建类似的合作平台能够为公司带来的增量收益相对有限。而站在中小银行的立场上，由于国有大行在其主要经营区域的网点分布较多，双方的竞争关系较合作关系更为明显，与国有大行合作可能会面临客户资源流失的问题。

“中小银行间总体而言差距不大，合作空间小；国有银行网络渠道遍及全国，与中小银行存在一定竞争关系。能与广大中小银行开展互利合作的机构就是股份制商业银行了。股份制商业银行在业务资质、管理能力等方面存在一定的先发优势，同时又缺乏全国网络支撑，可谓是中小银行天然的商业合作伙伴。”兴业银行总行同业业务部总经理郑新林曾撰文阐述兴业银行的“银银合作”理念。

事实上，早在2002年左右，兴业银行就已在酝酿与中小银行间建立“银银平台”，进行全方位合作。“我们在实践中发现中国的银行不可能最后都并成几家大银行，这不现实，必然会存在很多社区的银行。”兴业银行行长李仁杰曾经如是说。

最初，兴业银行“银银合作”的主要内容是把银行共性的网络资源、IT资源等为所有成员共享，建立共同的服务标准。2005年兴业银行完成个人柜面通等一期系统开发，2006年完成二期开发，提出了整体合作六大服务板块。

2007年兴业银行突破了国内商业银行以企业客户和个人客户为主的传统思维，独树一帜地将国内中小银行作为重要的客户群体来开展营销和服务。公司在上海成立了隶属于当时同业业务部的二级部门——银行合作服务中心，专门负责“银银合作”，并形成了“银银平台”这一优势品牌。2007—2008年“银银平台”的发展范围突破了“兴业银行一家独有”，开始走向与“中小银行共建、共有、共享、共赢”的综合金融服务平台。

2010年，兴业银行进一步丰富了“银银平台”联网客户群，扩大网络共享覆盖面，提高“银银平台”的代理支付结算能力和客户服务水平。兴业银行与恒丰银行签订了全面战略合作协议及柜面互通、理财门户合作协议，成为首家加入“银银平台”合作的全国性股份制商业银行；重庆银行、温州银行、汉口银行、龙江银行等一批区域型合作银行加入“银银平台”，提升了“银银平台”合作行的层级和市场影响力。

兴业银行持续致力于“银银平台”产品创新，加快开展“银银平台”下的支付结算平台和理财门户产品研发，并于2010年推出村镇银行客户端系统，上线运行代理贵金属交易、新模式第三方存管等产品，保持“银银平台”创新优势和市场领先。

二、多样化服务

“银银平台”以国内中小商业银行为目标客户，为其提供涵盖支付结算、财富管理、科技管理输出服务、资本及资产负债结构优化服务、外汇代理服务等八大业务板块的完整金融服务解决方案。

商业模式并不复杂，但过程相当精细。兴业银行与中小银行建立合作理念后，首先要着力培养客户使用对方网点的习惯；然后对接IT系统标准接口，针对管理层和业务骨干进行关于业务流程、宣传模式方面的培训；最后是整合产品资源，兴业银行将自身的资产业务、综合授信、理财产品代销等产品整合成财富管理、融资服务、科技输出等八大业务板块。至此，“银银平台”既具有强大的产品资源，渠道资源亦不在话下。

其中，兴业银行提供的重点产品包括有柜面互通、理财门户、代理接入支付系统、商业银行信息系统建设等等。

（1）柜面互通——联网银行之间的柜面通存通兑，即各成员行通过“银银平台”，开展相互代理银行卡（存折）存取款、转账及查询业务等，兴业银行作为清算行为各成员行提供清算服务。

（2）理财门户——构筑于“银银平台”上的“理财门户”实质上是一个开放的理财产品第三方销售平台。其整合了兴业银行与其他合作银行的财富管理产品，面向全部合作银行的客户销售。

（3）代理接入现代化支付系统——兴业银行为联网行提供标准接口，为联网行代理接入中国人民银行现代化支付系统。联网行可以获取比存放人民银行清算款项更高的收益。

（4）商业银行信息系统建设——兴业银行负责为银银合作的商业银行建设核心业务系统、渠道服务类系统、管理类系统等相关的信息系统。

截至2012年末，兴业银行“银银平台”已签约客户381家，上线客户达到318家。其中，柜面互通合作银行达150多家，连接网点达2万个；已有70多家银行开展理财门户业务合作；近百家银行通过兴业银行代理接入现代化支付系统；为近50家银行提供信息系统建设与维护服务。

银银合作成果令人惊叹。以2010年为例，当年兴业银行的理财代销规模接近1000亿元，其中有200亿元左右是通过“银银平台”的同业代销，而2008年兴业银行的整个理财代销也不过是100多亿元。

三、东营样本

在与兴业银行达成合作的众多城商行中，东营市商业银行（下称“东营商行”）是一个早期的典型样本。

东营是胜利油田总部所在地，经济成长潜力巨大：与多数陷入土地紧张的东部沿海城市不同，位于黄河出海口的东营，土地甚至还在年复一年的增长；当地的陆路交通和海上交通也都很方便……

就在这样一个银行业深有潜力可挖的地方，兴业银行一直未设分支机构。正是由于与东营商行的合作，兴业银行获得了服务的延伸。

“东营商行的资产质量很好，经济效益也很好，管理也很好，但是它的规模受限，IT技术面临升级。尽管国内外也有很多专业IT公司可供选择，但后来它发现跟我们谈更实用！”李仁杰表示，“他们所有的困难在我这里都已经解决，他提出的问题我都可以帮它解决。其次，我的价格肯定也比较有竞争性，还有一个是持续的升级比较有保障。”

于是，东营商行决定引进兴业银行外脑，进行IT系统改造。半年之后，东营商行的新系统上线。在上线的过程中，东营商行的业务流程和规章制度也在兴业银行的技术和业务人员的协助下进行了重新梳理。2007年6月，兴业银行与东营市商业银行的核心系统合作项目正式上线。成为国内首个商业银行向金融同业输出核心业务技术管理服务的成功案例。改造的结果是显而易见的，东营商行的董事会和管理层都非常满意。

通过核心IT技术输出、与东营商行达成合作关系的做法，其实只是兴业银行与中小银行合作领域的一个方面。通过“银银合作服务中心”的部门，按业务的需求调动相应部门支持兴业进行系统的协调，提供综合化服务：IT就是IT部门支持；要发次级债，投行部门进行支持；涉及到资金清算，会计结算也要去支持。

如在理财产品销售方面，产品线缺失的中小银行可以选择兴业银行的产品直接销售，也可以要求兴业银行的技术人员协助，了解设计结构、基础标的物，按自己的情况量身打造。而在结算方面，目前兴业银行与合作银行间按业务量进行统计，相互地结算业务，以笔数支付费用。

兴业银行会对合作的每一笔业务都建立起基本的成本核算和盈亏分析，力争每一项合同都做到互惠互利，进行长期合作。

四、互利共赢

作为一家股份制商业银行，兴业银行在县级以下区域的分布存在不足，而中小银行金融机构的网点则主要分布在二、三线城市以及县、乡级区域，通过与中小银行的合作，兴业银行将其金融服务网络快速延伸，提升了其在网点不发达区域的竞争力。除却延伸服务网络、加强服务能力之外，兴业银行在与中小银行的合作中已经建立了盈利模式，并拉动中间业务收入的增长。

到2012年末，尽管自身机构数不足1千家，但兴业银行“银银平台”的柜面互通联网网点已达2万个。对比四大行，至2012年6月末，农行的境内机构数为2.35万，工行的境内机构数为1.68万，建行的境内分支机构数为1.38万，中行的境内分支机构数为1.05万。渠道的延伸将使兴业银行在财富管理业务发展的大潮中更具竞争优势。

自“银银平台”上线后，2008年以来，兴业银行的同业利差一直高于其他各类上市银行的平均水平。即便在资金极度宽松、货币市场利率非常低的2009年，在多数银行同业利差均为负数的情况下，兴业依然获得了56个基点的正利差。兴业在同业业务方面的优势，除了多年以来积累经验以及对市场走向判断的准确性及敏感性，尤其得益于“银银平台”所带来的客户方面的优势。

“银银平台”为兴业银行带来的贡献可以归纳为三个方面：一、直接的中间业务收入；二、低成本的同业存款；三、渠道的拓展。此外，与中小银行机构的深度合作关系，也有助于公司把握同业市场上的交易性机会，提高同业资产的收益。

对于中小银行而言，加入“银银平台”可以实现渠道与产品方面的优势互补，并可以共享兴业银行先进的信息技术与管理经验。

以理财产品为例，随着城镇化的推进、人群收入结构的改善，县域地区对于理财产品的需求也会上升，但农信社之类的金融机构在理财产品创设方面又缺乏优势。2011年理财门户正式在“银银平台”上推出，通过理财门户，大量农信社能够进行理财产品销售，满足客户理财需求，兴业银行可以免去自建渠道的不便，快速、低成本地将其理财业务推向前景广阔的县域市场。

以打造银银合作业务品牌——“银银平台”为标志，兴业银行致力于成为中小金融机构的银行服务专业提供商，以“共享资源、创新服务”为基本理念，通过向中小银行输出核心产品、服务与技术，实现优势互补，互惠互利，共同成长。此外，按照“宽领域、专业化”的战略思路，兴业银行正以“银银平台”为基础，不断把银银合作模式延展至银证、银信、银财、银基、银保、银邮合作等领域。

至2012年末，兴业银行“银银平台”签约银行数381家，占全国中小银行金融机构总数的比例仅约10%。客观地说，“银银平台”目前尚在跑马圈地的阶段，首先的目标是增加签约客户数。

除了新客户的开拓外，兴业银行还在大力扩展“银银平台”现有客户的合作空间。公司与合作银行从签约到实现深度合作，其间是一个渐进的过程，要经历“签约－排队上系统－IT连接－试运行－新产品开发销售”等数个阶段。在目前的签约银行中，已实现深度合作的比例仍然有待提高，柜面互通合作银行占比40%，理财门户合作银行占比18%。兴业银行2012年通过理财门户销售的理财产品，其涉及的网点数量不到200家，占2万个联网网点的比重不足10%。公司与已签约客户的深度合作仍有很大的发展空间。

第二节　中兴通讯：供应链CSR零容忍

在中兴通讯，对供应链伙伴关系的价值取向一直受到公司最高管理层提倡和支持。为建立更加融洽的合作关系，中兴通讯始终以成为供应商最佳客户为目标，与供应商一起分享技术、市场和管理经验，帮助供应商成长。

为此，中兴通讯一直秉持着开放、合作、共赢的心态，致力于建立与发展良好的合作伙伴渠道，建立和执行严格的供应商资源分析、供应商评审、现场审核、引入以及考评体系，合理、充分拓展供应商资源。在公司采购业务中引入市场竞争机制，公开、公平、公正地建立有序、高效、规范、廉洁的商务环境，制订战略合作推进方案并组织实施，与关键供方建立长期、稳定、双赢的合作关系。

难能可贵的是，除了对供应链伙伴履行CSR职责，中兴通讯一直鼓励供应商成为有社会责任感的企业，通过与多家国际顶级电信运营商在CSR上展开合作，中兴通讯帮助供应链持续提升整体的CSR水平，分享业界CSR最佳实践以及实施CSR的关键成功要素。

在与供应链伙伴的共赢合作中，中兴通讯表现出的特征可归纳为“以身作则”和“授人以渔”：一方面，在引入供应商的全流程中倡导供应链的多元化，鼓励不同文化、民族和不同发展特征的供方公平参与供应链的所有合作，对所有供应商提出严格的CSR审核要求；另一方面，在审核之余，根据不同供应链企业的特点，中兴通讯有针对性和有重点地对供应商进行提升，帮助供应商建立有效的CSR管理体系，从体系层面推动其CSR的提升。

从这个意义上说，中兴通讯践行CSR，已经从“独善其身”向整个产业链上下游延展，推动业界一齐向企业公民的方向努力，正如中兴通讯的一位高管所表述的一样：“CSR是整个供应链的责任，需要从供应链整个链条上各个环节向前推动。企业既要创造利润，回报股东，也要保护好自己的员工，保护环境。中兴通讯作为国际化的大公司，不仅有责任和当地人民一起发展经济，也有义务在环境和可持续发展等方面造福一方。”

据了解，目前，中兴通讯全球拥有的渠道伙伴就超过1500多家，相关供应链企业更是数以千计。为了履行对供应链上下游企业提供公平竞争的承诺，中兴通讯发布并严格执行《阳光采购政策》，完善与供应商的洽谈、沟通等工作流程，并建立相应的监督机制，使采购工作更加规范，信息更加透明。公司采用多种手段进行供方管理，并不断地向国际先进企业学习供方管理的经验，不断地提高供方管理水平，实现真正意义上的供需双方双赢的目的。

为了与供应商达成充分的交流，中兴通讯定期与供应商进行沟通，包括一年一次的供应商大会、定期的供应商高层拜访等，分析供应商期望的道德标准，确保供应商的价值文化和导向标准与公司的标准一致。

随着产业格局的变迁，中兴通讯意识到，与合作伙伴的关系必须得到不断深化，形成彼此依存的生态关系，才能应对新的竞争环境。

传统的电信运营商价值链，整体上是以运营商为主导的，但现在互联网新时代产业价值链越来越细分。细分的价值链上环节众多——从基础网络、应用平台、应用内容、业务、支付、终端到客户，产业链越来越长，最后形成的结果是，价值链上没有任何一家或者没有任何几家可以掌控价值链，以运营商为核心的价值链逐步可能转化成一个多方共赢、开放合作的生态系统。

中兴通讯近年来持续倡导价值链的“生态系统”，希望以开放策略完善产业链，实现合作共赢，以创新机制促进发展，由产业链各方共同创建一个紧密的价值链和生态环境。“中兴一直希望通过合作伙伴联盟，促进产业和谐发展，谋求共赢，希望完善联盟运作体系，对合作伙伴进行全方位长期的支撑，希望中兴通讯的合作伙伴联盟成为一个资源共享、交流的平台，大家共同推进。”中兴负责合作伙伴联盟的高管曾如是公开表示。

2012年12月，在北京启动的“生态圈”伙伴计划，是中兴通讯“以诚相待，合作共赢”的典范事例。

近年来，政企网市场一直保持较高的增长速度，2011年政企收入在中兴总收入的占比超过10%，同比增长89%，2012年上半年同比增长70%，与此同时，政企行业用户需求正在经历由以硬件产品为重点转向以行业应用和增值服务为核心。

经过多年的国内和海外市场拓展，中兴通讯在技术研发、方案应用、大项目管理、资本运作等方面拥有了非常深厚的积淀。通过建设国内第一张基于TD-LTE的无线政务专网，在智慧城市、智能交通、智能电网、智慧医疗等多个行业领域具有领先优势。“生态圈”伙伴计划的启动，就旨在联合“生态圈”伙伴，彼此一起在包括产品、方案、服务等诸多方面展开深入合作，整合产业链资源，开拓更为广阔的政企网蓝海市场。

在中兴通讯“生态圈”计划中的伙伴，将在定制产品、融合方案、市场支撑、服务创新、资本融资等多个方面得到中兴通讯全方位的支持，如此深入的合作模式在业内属首次。

具体地说，中兴通讯“生态圈”伙伴计划可以简要概括为产品、方案、服务三个维度的合作，模式适合不同类型和特点的合作伙伴，使得各方资源更高效地进行整合，聚焦多样融合性的定制化市场应用。

其中，在产品方案领域，中兴通讯从交互感知层到网络传输层，再到应用平台&IT，以及统一通信与协同各个网络层面，涵盖宽带接入、IP&传输、无线宽带、集群、各类终端等几乎全部成熟的中兴通讯ICT产品，都可以为“生态圈”伙伴共享，快速集成到行业应用中，同时根据应用的网络环境、业务流程和业务调用进行必要的二次开发，为用户带来更加便捷的体验。

在智慧城市、智能交通等行业应用热点方面，中兴通讯“生态圈”伙伴计划将充分利用中兴通讯在应用平台上的技术优势，通过调用模板、能力引擎，基于工作流的开发环境，提供应用场景的快速开发，加快业务实现。

凭借整体技术和项目管理的深厚积淀，中兴通讯还将为“生态圈”伙伴提供包括IT应用、IT平台及IT基础设施等在内的从基础设施到业务应用的一站式服务支撑，加快基础设施部署。同时，中兴通讯还将在创新服务产品和方案、培训等多个方面为伙伴和用户提供高附加值的服务。此外，中兴通讯还将利用强大的资本运作能力，为“生态圈”伙伴提供项目融资等实际问题，提高市场占有率。

“‘生态圈’伙伴计划是一个庞大、系统、长期的体系建设。我们非常乐意积极推进优秀的合作伙伴加入这一计划。”中兴通讯副总裁常金芸表示。

一、CSR零容忍

在中兴通讯参与的生态体系中，供应链上下游履行CSR是其开放合作的前提。

从2008年开始，中兴通讯首先对部分终端类主要供应商进行了企业社会责任方面的现场审核，使其更清晰地了解中兴通讯在供应链企业社会责任方面的要求。2008年8月，公司制订了供应链整体企业社会责任推动执行方案，内容涵盖供应商风险评估、现场审核、问题点跟踪、供应商的经验交流等方面。

其后，中兴通讯在电子商务网站的注册模块加入企业社会责任要求的调查，对每一个新供应商进行调查，颁发了“中兴通讯供应商行为准则”，中兴通讯的供应商必须遵循该准则和当地法律法规。同时，针对新供应商，规定了“CSR零容忍”。如今，但凡中兴通讯引入新供应商，对每家供应商进行CSR评估已成为其中的必要环节。

从2011年开始，中兴通讯结合客户最新要求，招聘专业的供应商CSR管理人员，起草供应商CSR协议，并已完成与260家供应商签订新版CSR协议；更新了供应商CSR审核检查单，对中高风险供应商实施现场审核，持续跟踪、辅导供应商就CSR方面进行持续改善。2012年，中兴通讯加大专职、兼职审核员培养力度，组织3次兼职审核员集中培训、19次现场审核培训，发布了供应商CSR管理流程，完善供应商CSR审核辅导工具包，与783家供应商签订CSR协议；两次更新供应商CSR审核检查单，对高风险供应商实施现场审核、辅导，帮助供应商持续改善CSR状况，降低CSR风险。

2012年，中兴通讯共引入新供应商89家，其中对52家供应商进行了现场的实地审核，分析审核结果，并对不符合项的分布进行统计分析。通过对不符合项的分析，发现最多的不符合项主要分布在：健康安全（比例最高）、人权、劳工和环保等方面。针对不符合项的统计分析，中兴通讯制订了针对性和重点性的辅导提升计划，并要求供应商建立有效的CSR管理体系，从体系层面推动其CSR的提升。

“冲突矿产”是中兴通讯对供应商实施CSR管理的一个典型案例。

在刚果民主共和国及其毗邻国家和地区境内的锡石、黑钨、钶钽、铁矿和黄金等稀有金属开采已造成严重的人权与环境问题。这些地区的部分采矿活动与冲突的武装组织有关，导致该地区长期不稳定，被称为“冲突矿产”，这些金属可被广泛地应用在信息和通讯技术产品上。

为此，中兴通讯制订了无冲突矿产方针，并在供应商正式采购协议中要求供应商签订《无冲突金属宣告书》，承诺不采购和使用冲突矿产。此外，中兴通讯还加入了Gesi（全球电子可持续发展推进协会），该协会的主要工作内容之一就是对冲突矿产的研究，以及矿产冲突相关工具（报告模板，审核指南，经过认证的钽、锡、钨、金冶炼厂清单等）的制订。

2012年，中兴通讯持续改善供应商企业社会责任管理规范，开展供应链CSR管理工作，督促供应商继续恪守并坚持所有相关法律法规及中兴通讯供应商CSR管理要求，其中的要点包括：

（1）更新供应商行为准则，并持续要求供应商符合中兴通讯供应商行为准则；

（2）建立专门的供应商CSR管理专家小组；

（3）借鉴客户以及第三方先进的CSR经验，持续更新并完善供应商CSR管理流程文件和审核程序、审核项等；

（4）持续提升内部CSR技能，邀请第三方专业机构和内部专家组织多次培训和技术交流；

（5）深入落实CSR执行，并及时将CSR评估结果反馈给客户、供应商等利益相关方；

（6）要求供应商建立有效地进行CSR管理体系，包括对下游供应商的CSR管控；

（7）积极有效地进行供应链CSR培训，提升供应商高层CSR意识，帮助供应商提高他们的CSR技术水平。

二、善因善果

在中兴通讯看来，单方面对供应链企业提出高标准的CSR要求是不够的，重要的是能够"授人以渔"。

只有供应商的高层深刻认识到CSR的重要性，从战略、文化层面重视CSR，亲自参与并推动公司CSR的建设，降低公司的CSR风险，才能够从本质上提升供应商自身以及整个供应链的CSR不断向前发展；只有供应商的中层以及CSR实施人员了解、熟悉CSR，具备实施CSR相应的能力和技术水平，才能在整体上提升供应商自身的CSR实践。因此，持续提升整体的CSR水平、分享业界CSR最佳实践以及实施CSR成功的关键要素，成为中兴通讯近年来的关注重点。

早在2010年10月，中兴通讯在海南三亚成功召开了"携手走向卓越，共同打造CSR供应链"高层企业社会责任大会，40多家手机领域的关键供应商高层管理人员、客户和国际有害物质检测权威机构代表参加了此次的大会。此次大会成为中兴通讯促进供应链上下游伙伴共同参与企业CSR实施与可持续发展的标志性举措之一。

次年，中兴通讯为292家供应商、476名供应商高层和CSR技术人员提供了CSR培训；同时邀请欧美高端客户代表、第三方机构专业老师分享业界最佳实践、客户的CSR要求以及CSR专业知识。培训内容包括：CSR体系要求，中兴通讯如何实施CSR，企业EAP建设等等。培训课程结束后，对学员进行考试，颁发结业证书。培训满意度平均分达到85分以上。

2012年，中兴通讯持续对供应商进行CSR培训及现场辅导。为了提升CSR培训的针对性，加强了高风险供应商的现场审核及辅导培训，共为181家供应商，815名供应商高层和CSR技术人员提供了CSR培训，包括现场审核辅导培训，同时邀请第三方机构专业老师分享业界最佳实践、客户的CSR要求以及CSR专业知识。培训内容则在以往经验的基础上，进一步延展，其中包括：国际社会推行CSR的趋势及通讯行业的CSR特点，企业健康安全及环境管理体系建设概要，人权、商业道德及劳工权益常见问题及改善，健康安全及环境管理体系方面常见问题及改善，职业健康防护要求及知识，消防专业知识等等。同时，培训课程结束后，对培训效果进行评估。

种善因，得善果。中兴通讯的坦诚开放以及对CSR的坚守，赢得了所有合作伙伴的信任，成为事业不断发展的重要保证。

如今，中兴与全球200多家主要运营商建立了手机合作伙伴关系，中兴手机在全球140多个国家和地区获得畅销。在与全球最大也是最苛刻的通讯运营商美国电报电话公司的合作中，国内及国际厂商纷纷挫败，中兴手机则以千分之二的客退率成为美国电报电话公司最坚实的手机定制合作伙伴。

IDC研究数据显示，2012年全年，全球智能手机的总出货量达到7.126亿部，年增幅达到44.1%；第四季度，智能手机市场的总出货量达到2.194亿部，同比增幅达到36.4%。值得关注的是，以中兴通讯为代表的国内手机品牌在市场份额方面的表现可圈可点。数据显示，2012年第四季度，中兴以当季950万部的销量、4.3%的市场份额，位列全球智能手机市场出货量第五的位置。

2012年，美国众议院情报委员会发布报告，毫无理由地指责中兴对国家安全构成威胁，并建议美国企业停止与中兴通讯的业务往来。未过多久，思科CEO约翰·钱伯斯（John Chambers）在电话会议上公开宣称，中兴通讯是一个合作伙伴，而不是一个竞争对手，思科未来将扩大与中兴通讯的合作。

如今，虽然中兴通讯面临着严峻的经营压力，但是其合作伙伴始终对其抱有信心，并愿意给予支持，华南地区一家合作伙伴的董秘表示："虽然中兴通讯目前遇到了一定的困难，但仍然具有较强的综合实力，我们依然将其视为密切的合作伙伴，依然重视与中兴通讯的合作关系。近年来，中兴通讯一直在进行内部整合，期待中兴通讯理顺内部体系，未来开展进一步合作。"

第三节　招商银行：异业联盟谋可持续发展

“刘先生，能不能把你刚才讲述的PPT留给我？”苹果公司CFO彼得·奥本海默（Peter Oppenheimer）对刘建军说。2012年10月1日，招商银行零售金融总部常务副总裁刘建军与行长马蔚华一起远赴美国，与苹果公司高层进行会谈，会后曾经遭遇这样一幕。

就在2012年，马蔚华表示，以中高端为目标客户定位的招商银行将是第一家“消灭信用卡”的银行，即消灭银行卡介质，将信用卡的业务形态转到手机终端中，采用NFC模块等模式将银行卡内置在手机里。招商银行抢占移动支付滩头的第一步，找的就是苹果公司。

目前，金融业的内外部环境正在发生激烈变化，招商银行坚定深化“二次转型”，坚持客户结构的优化调整，深入挖掘客户价值，努力实现盈利的稳步增长与经营效率的持续提高。在战略转型关键期，合作伙伴管理一直是招商银行关注的重要维度。

“创新”与“可持续”，则是招商银行处理与合作伙伴关系的两大关键词：银银合作、异业联盟中，招商银行以业务创新实现共赢；在供应链管理方面，招商银行以可持续的视角践行绿色采购，推动绿色发展。

一、同业竞合

银行同业合作伙伴，一直是近年来招商银行着力拓展的新领域。

过去五年，随着国内银行业经营环境的深刻变化，商业银行之间开展银银合作的动因、内容和层次日趋复杂、丰富和深化。由于国内银行类金融机构主体的多元化格局已然形成，不同发展阶段、战略定位和经营特点的银行同业之间主动寻求合作的内在动力增强。与此同时，外部驱动的市场客户需求也持续扩张，且复杂多变。随着对银行同业“竞合关系”的反复审视和外部市场需求的持续驱动，招商银行敏锐认识到，单个银行主体很难凭借一己之力予以有效满足，银银合作的广阔市场空间更加趋于明朗。

2007年，招商银行银银合作业务起步，并迅速进入快速发展的黄金期。当年下半年，招商同业银行部正式明确提出“合作共赢创新发展”的银银合作思路，深度挖掘区域性中小银行客户群体的渠道价值和财务收益。2008年，招行推出“银和理财”业务，开辟了同业中间业务收入的新来源，之后跨境人民币资金清算、资金搭桥和同业代付等系列产品相继推出，带动了银行类同业存款规模的攀升和同业资产业务创利能力的提升。

截至2012年末，招商银行同业存款余额2531.34亿元，较年初增加495.20亿元，增幅24.32%；存放同业和回购型信贷资产受让等场外同业资产业务期末余额2666.14亿元，较年初增加2103.40亿元，增幅373.78%。2007年银行类机构同业存款日均余额仅20.83亿元，到2011年年日均余额718亿元，同业存款规模在四年期间增长近35倍。

2008—2012年期间，招商一直将产品创新作为拓展银银合作业务的突破口，通过积极实施“部内无边界作业法”组建产品研发团队、牵头协调相关部门开展跨部门/条线的协同论证、鼓励分行先行试点开展区域性创新等举措，促使银银合作的产品开发与创新工作成效显著：业务产品逐年推陈出新，如跨境人民币资金清算（2009）、资金搭桥（2010）、代付同业（2010）等创新成果已在全行范围内推广，且业务规模与收益均在短时间内均取得了爆发式的增长，其中“银和理财”于2009年荣获深圳市金融创新奖一等奖；另外，如银银通（2009）、管理咨询（2011）、代开信用证（2009）等业务创新，在监管环境和市场需求急剧突变的挑战下，也取得了相应的阶段性推广成果和良好的区域示范效应。

2011年10月，作为银银合作的坚定拥趸者和践行者，招商银行首度发布银银合作五大产品与服务体系，财富管理、融资交易、代理合作、新兴业务及培训咨询五大产品系列的完美亮相，充分体现招行银银合作理念的开放前瞻性、银银合作产品的丰富完整性及合作通道的高效便捷性等特色优势。五大产品与服务体系的成功发布，标志着招行银银合作开始迈向一个新的起点，开始与银行同业共同探索程度更深、范围更广、层次更高的合作。在2011年，银银合作业务全年实现综合收益达12.99亿元，较去年同期大幅增长168%。

在2007年前，招商银行的银行同业客户群主要以国有银行、全国性股份制商业银行及政策性银行为主，之后随着业务合作的纵深发展，客户覆盖面迅速扩展到城商行（含城信社）、农商行、农合行及农信社等区域性中小银行。在狠抓产品创新、初步构建相对完整的五大产品与服务体系的同时，招商银行积极拓宽渠道，引导分行对辖内区域性中小银行持续进行地毯式营销，培育了一批对招商银行业务依存度强、合作潜力大、综合贡献高的中小银行合作伙伴。

以中小银行为主的战略合作伙伴，为招行在财富管理类产品引入和销售、新兴批发业务交叉销售及信贷资产转让等方面充分发挥了独有的渠道优势。以财富管理类产品为例，自2009—2011年期间，分别通过与其他银行同业以置换信贷资产、买入票据资产和存放同业等多种形式为招行引入的高收益理财产品，截至2011年末，全行累计发行存放同业类理财产品规模超过1100余亿元，带动了招行各条线财富管理业务的壮大和中间业务收入的蓬勃增长。

如今，区域性中小银行已成为招行新兴批发业务开展交叉销售的重要渠道，以债券承分销业务为例，截至2011年12月末，与招商行开展业务的银行同业客户近35家，2011年全年业务累计交易金额达1200亿元；在财富管理类产品销售方面，截至2011年末，已累计向264家区域性中小银行销售了超过4000亿元的理财产品、基金及信托计划。2008—2011年期间，招行资产转让业务交易金额达3692.43亿元，交易对手主要为中资银行及信托渠道。在信贷资源稀缺的情况下，银银合作作为全行信贷规模调控转出信贷资产的重要渠道，充分发挥了“腾笼换鸟”的重要作用，为招行对公业务发展腾挪了大量空间，并创造了可观的中间业务收入。

同业伙伴与招行的深度合作关系，则有助于其自身把握同业市场上的交易性机会，提高同业资产的收益，与招行实现渠道与产品方面的优势互补，将自身的优势借由招行的业务平台实现了放大。

2012年，招商银行相继开发了委托债权投资、信托受益权买入返售、同业资产受让、代偿同业等一系列创新业务，进一步拓宽了资产经营渠道，全年通过同业渠道实现理财产品销售额712.24亿元。截至2012年底，招商银行已在104个国家和地区建立了1751家代理行关系，借由全球同业合作网络的布局，招商已经为下一步业务的全面拓展，打下了扎实的基础。

二、异业联盟

除了同行业的深化外，招商银行一直以行业前瞻者的智慧与敏锐，不断探索非相关行业的合作路径，希望通过与异业合作伙伴的创新协作，探索出新的价值点和客户群体，及时发现客户需求，提升不同行业客户群的价值贡献度，挖掘不同合同伙伴的价值，实现资源互换和优势互补，提高合作效益，为客户提供更优质的金融服务。

“开展非竞争行业间的异业联盟合作是招行谋新求变的重要举措之一。招商银行与其他行业的领导者结成异业联盟，将能形成显著的协同与互补效应。”招商银行行长马蔚华曾如此表示。

在这种前沿探索中，腾讯成为招商银行密切合作的一个重要伙伴。

2011年初，通过市场调研，招商银行发觉，年轻的金融用户与网络游戏合作存在巨大市场需求，招行随即与腾讯游戏合作推出了三款联名信用卡，卡面设计分别以腾讯游戏《地下城与勇士》以及《穿越火线》的经典Logo和人物形象为灵感，消费者可以通过刷卡累积的积分兑换《地下城与勇士》及《穿越火线》的丰富道具礼包。

“这样的合作不但可以给我们的持卡人带来他们喜欢的内容，还可以通过他们的网络活动捕捉到一些关键数据，进而给用户提供更好的服务。”招商银行信用卡中心市场企划部副总经理王钰说。

同样在2011年，招商银行信用卡中心总经理刘加隆专门拜会了“微信之父”张小龙，两人相谈甚欢，一起进行了慈善合作：网友通过微信漂流瓶、摇一摇及扫描二维码与“招商银行点亮蓝灯”的官方微信号进行互动，互动一次，招行信用卡中心就捐一个积分，凑成500个积分，就为自闭症儿童送去一课时专业辅导课程……两家总部同在深圳的公司，类似的合作还不少。

2012年12月，招商银行与中国联通及东方航空签署了异业联盟合作协议，旨在依托最新科技实现银行、通讯和航空三大服务平台对接的全新合作模式，具有强大的协同和互补效应，结合各方核心优势，整合庞大的客户群、丰富的产品线以及广泛的营销和服务渠道，打通不同产业间的壁垒，在高端客户联动拓展、产品和服务创新、物理网点和电子渠道共享、增值服务延伸、数据挖掘与分析等方面实现优势互补与深入合作，形成一个可自主成长的生态共同体，向客户提供一站式银行、通讯、航空服务。

招行异业联盟的探索，其指向是改善客户体验（包括招行和联盟伙伴的客户），甚至改变人们的生活方式，为“客户、社会、企业”创造更大的价值。如今，招商银行已经有一套行之有效的标准和经验，比如注重双方用户的重合度、合作伙伴品牌的调性、合作伙伴的资源情况等等，其中的关键是，双方在未来的合作中能够形成互补。招行携手人人网打造了一种网络社交化信用卡——人人网联名信用卡，就是类似的典型案例。人人网的活跃用户群体多为年轻群体，这也是招行信用卡业务希望拓展的主力消费人群，借助人人网的数据资源，招行可以锁定部分年轻群体，为其提供量身定做的服务，而人人网也强化了用户黏性，增加了品牌曝光度。

目前招商银行已经培养了一支成熟的商务拓展团队，在TMT、航空等领域寻找可以相结合的合作伙伴以求进行合作的探索，在内部设有专业的用户调研团队、数据分析团队，借助专业的数据挖掘工具，做好分析和拓展规划，以求将合作伙伴的资源和数据更好地服务于自身业务，为客户创造更多的价值。

尤其值得一提的是，互联网金融正在兴起，传统金融业的商业模式可能为新兴的互联网技术所颠覆，在变革的前夜，异业联盟的意义，将不止于“锦上添花”，或许将是招商未来战略转型的契机所在。

当前正值移动互联网产业及通信产业大发展的时期，移动支付产业即将进入爆发期，招商银行携手合作伙伴抢先布局。2012年，除了专程拜会苹果公司，招行还联合全球3G智能手机的主要制造商HTC推出了“手机钱包”的移动支付产品，即将银行卡加载在内置了安全芯片的3G手机上的产品，所谓手机与银行卡“合二为一”，刷手机即可直接进行各种消费。

2013年，招商银行在移动支付领域又现大手笔。2月，招行在北京与中国移动签署全面战略合作协议，双方合作的重点产品就是“手机钱包”。中移动；手机钱包可以支持多种应用，如银行卡、公交卡、打折卡等；招行手机钱包可同时支持招行一卡通、信用卡客户空中开电子现金卡、对电子现金卡进行空中充值，可以不去网点就完成充值。双方合作之后，中移动手机钱包将为招行在SIM卡上专门开辟一个应用区域，支持招行手机钱包业务。

双方实现战略合作后，招商银行与中国移动将在移动支付、招行信用卡商城、客户及渠道资源共享、账户结算以及集团客户通信业务整体解决方案等领域展开全面合作，对促进双方共同发展和长远合作发挥重要、积极的作用；同时将推动NFC现场支付业务进一步丰富银行类应用，迅速形成市场规模，在银行业中树立标杆样板，同时掀开在新的技术条件下产业链多方合作新的一页。

三、绿色供应链

如果说，招商的创新密切了与合作伙伴的联系，推动了公司业务的发展，是经济责任的体现，那么，在供应链领域坚守“可持续发展”，则是招商社会责任和环境责任的践行。

招商银行对待上下游企业一直奉行公开招标、透明公正的原则，不仅鼓励优质供应商的引进，促进招标竞争有效性的提升，为选择优势合作伙伴创造良好的条件，同时有助于提高招标采购投资决策的科学化和民主化水平。除此之外，招行的招标制度考虑的不仅是成本因素，对供应商的绿色环保资质，招行也有严格的考量。

招商银行将“低碳、节能、环保”作为选择物资供应商的条件，并作为必要条件加入合同条款，保证物资采购环节的节能环保要求。早在2010年，在全行集中采购工作中，招行就采取系列举措，大力倡导和推行供应链企业一同履行“环境保护”“节能减排”理念，努力营造“公开透明”“节能减排”“绿色环保”的良好氛围。在对采购产品和供应商综合评价中考虑绿色采购和环保采购，要求供应商在环境和资源循环再利用方面做出努力。在公平、公开、公正的竞争环境下，优先选用取得相关环保资质的供应商，带动供应商的绿色环保，实现招行与供应商之间的多赢。

在产品采购上，把好环保节能关，明确提出产品功能、环保等方面的要求，并加入现金自助设备等产品回购要求，促进了供应链企业的绿色发展，营造了“绿色环保”的良好氛围。

以微机笔记本采购项目为例，招行要求供应商承诺微机的能量消耗和产品中化学原料的使用情况不得影响人类健康，不能使用影响人类健康的化学原料生产电脑配件和电路板。为了彰显企业社会责任，招行还建议供应商提出微机笔记本回收方案，例如：联想集团在微机笔记本项目中积极回应招行的要求并做出承诺，循环再利用，即资产回收服务。客户将获得机器处置的环保证书，对于有残缺的电脑将获得一定的残值返还，对于没有价值的电脑将进行环保处置，在此基础上提供专业物流支持、部件拆除、数据清除等服务。

采购中，招行要求参与投标的供应商在提供产品时考虑低碳、环保产品，自率先将微机和笔记本招标项目作为绿色采购试点后，后续在ATM机及循环机项目做深度环保采购，要求供应商提出旧机回收计划，并将回收的旧机进行数据粉碎处理，既避免了犯罪分子盗取自助设备的风险隐患，更保障了公司数据的安全，也将绿色采购的观念传递给供货商。

绿色采购，不仅要重视好技术和质量关，还要把好环保和节能关。在招商银行总行大厦办公家具采购项目中，招行发出的谈判文件明确提出产品功能、环保等方面的要求。其中的规范非常细致，例如，首先永久保证框架结构可供无限次装拆；其次，钢制家具的屏风桌板采用一级刨花板，要求人造板及其制品中甲醛释放限量低于国家标准，所有工业胶符合国家环保标准，基材采用符合环保要求的高密度中纤板；再次，空气质量应达到标准中的甲醛含量限值是≦0.02毫克/立方米，木制家具中有害物质限量中的甲醛含量合格标准为≦0.8毫克/升的标准，同时要接受环保检测单位的检测，如果测试不合格，则需要限期整改。

此外，在楼宇设计和招标中，招商银行业采用多项目前国际或国内先进的绿色技术与绿色产品，先进的环保理念充分体现了公司对于绿色环保的社会责任，慢慢获得了供应链上下的普遍认同，带动他们推广绿色理念，取得较好的社会效益。

自从1987年在中国改革开放的最前沿——深圳经济特区成立以来，“服务、创新、稳健”一直是招商秉承的核心价值观，成为一以贯之的主题词。

招行市场竞争优势的形成，就直接来源于创新：国内第一张基于客户号管理的银行借记卡一卡通、国内第一家网上银行一网通、国内第一张符合国际标准的双币信用卡、国内首个面向高端客户的理财产品——金葵花理财等。同时，招行优秀企业公民形象的形成，与其积极践行绿色低碳环保密不可分。过去26年来，招商一直响应国家号召，大力推行绿色信贷，支持绿色产业发展，助推经济绿色增长，着力推进绿色低碳运营，开展绿色公益，致力于将绿色理念融入经营管理之中。

但是，独木不成林，无论是业务创新或者可持续发展，与其供应链上下游合作伙伴的支持密不可分，正是借由彼此的沟通、交流和合作，不断提高配合程度，招商银行才能在更广阔的资源平台上发展壮大，并实现多方共赢。也正是在与多方伙伴的良性合作过程中，招商银行企业公民的角色日渐深入人心。

第七章

企业公民实践之五：企业的环境资源关系管理

对环境资源进行管理，曾经是一个不被企业重视的问题，但现在，其重要性已经日益紧迫。在过去30多年的快速发展过程中，很多企业的利润获取都是建立在环境污染的成本几乎为零的基础之上。企业越来越富有，而环境则越来越恶化。这种既不道德也不可持续的企业行为，最终会给全社会（当然也包括企业自身）带来巨大的灾难。

环境资源的约束日益突出，作为社会活动的重要参与者，企业进行环境资源管理的重要性再怎么强调也不过分。企业首先要遵守环境法律法规，在生产运营的过程中注意保护环境；还要加大研发投入，提高资源的利用效率；注重开展绿色办公；对企业行为的环境影响进行评估，积极开展环保公益活动，带动社会公众一起保护环境、节约资源。

对于企业来说，保护环境既是责任，也是商机。消费者也大都表示愿意支持那些环境友好的企业，但很多企业在环境保护上还是力度不够，原因之一是，企业以为环保类的产品通常成本更高，而价格仍然是当下影响消费者购买决策最重要的因素之一。其实，环保并不必然意味着高成本。只要勇于创新，企业完全可以做到环保和低成本兼得，从而为自己赢得消费者的认可，并给自己的品牌融入环保绿色的时尚元素。绿色创新一定可以带来竞争力，企业要对此坚信不疑。

实际上，在这方面的事例已不鲜见。上海通用、欧莱雅、普利司通、巴斯夫、上海大众等都已在绿色生产和研发方面进行了卓有成效的探索。上海通用摘掉“油老虎”的帽子、欧莱雅可循环原材料的使用、普利司通的轮胎翻新、巴斯夫的一体化节能，以及上海大众的全过程绿色生产，都是很好的例子。这些案例表明，企业万不可把环境保护当作一种强加于己的外在责任，这样的思想只会让企业在绿色创新上无所作为。所谓责任之所系、商机之所在，聪明的企业会先行一步，并获得新的成长空间。

第一节　绿动未来，上海通用创新之路

中国车市经过“黄金十年”增长之后，越来越多主流车企开始意识到绿色低碳的企业责任，以及绿色产品所形成的可持续的增长性。上海通用明确地将“节能环保”纳入企业愿景和战略规划中，在这场动力技术的革命浪潮中，它希望能够成为真正的行业领先者。2008年1月22日，上海通用汽车正式拉开了以“绿动未来”为主题的全方位绿色战略的帷幕。上海通用汽车“绿动未来”战略以“发展绿色产品”“打造绿色体系”“承揽绿色责任”为核心，并将其全面融入企业愿景及战略规划中。

一、油耗降低，摘掉油老虎帽子

上海通用2015绿色产品战略目标为：继续加大力度提升传统内燃机动力效能的力度，以更低排量实现更好性能、更低能耗、更少排放三重目标，同时在新能源汽车方面取得实质性突破；至2015年整体油耗在现有基础上再降低15%，整体性能（升功率）再提升14%；大范围普及缸内中心直喷、涡轮增压、六速变速箱等先进技术。

2008年至今，上海通用汽车扎实推进“绿动未来”战略，在提升内燃机动力效能、发展混合动力以及引进、研发纯电动车等方面取得了丰硕成果。美国车不再与耗油打上等号，别克、雪佛兰和凯迪拉克，敢于在油耗方面叫板以燃油经济见长的本田尼桑。

2008—2009年，以“更好性能，更低油耗，更少排放”为目标，上海通用汽车在动力总成项目上投入资金近11亿美元，推出了高科技、低油耗、多样化能源的10款发动机和2套混合动力系统，配备在25款全新一代车型上，同时在豪华车和中高级车上规模化装备了先进的S6六速自排变速箱，提前并超额完成了原定到2012年的目标。这些绿色新品与老一代同排量车型相比，平均节约油耗8%－13%。

在提升传统内燃机动力效能方面，上海通用汽车通过对SIDI智能直喷、涡轮增压、小排量发动机技术的普及，取得显著成效。首先是目前已经普及SIDI缸内燃油直喷技术。2011年初，别克君威、君越2.4L车型全系换装最新荣膺“2010世界十佳发动机”的2.4LSIDI直喷智能发动机。而在同期上市的全新别

克GL8和凯迪拉克SRX的三款新车型，也都分别搭载了3.0LV6SIDI智能直喷发动机。

除此之外，上海通用涡轮增压家族不断壮大，T发动机不再是大众专利。1.6T和2.0TSIDI直喷涡轮增压发动机得到全面运用。全新别克高端中级车英朗GT以及雪佛兰科鲁兹、迈锐宝都推出了1.6T车型；而凯迪拉克新赛威SLS豪华商务轿车则推出了装备2.0TSIDI直喷涡轮增压发动机车型，成为“高性能、低排量”的杰出代表。

二、全球合作，自主设计助力绿色产品

上海通用汽车绿色产品发展集成了多方优势，依托母公司全球优势资源，以企业长期锻造的覆盖整个业务链的体系能力为支撑，以强大的技术实力和创新能力为保障，构筑了可持续发展的坚实基础。

正是通用母公司的强大技术实力，使得上海通用汽车绿色产品发展集成多方优势，依托母公司全球优势资源，构筑了可持续发展的坚实基础。一方面，通用汽车全球领先的动力科技与新能源产品的研发储备，为上海通用汽车新能源产品发展提供了技术保障。2011年，“通用汽车中国（微博）前瞻技术科研中心”一期正式落成，该中心将与泛亚汽车技术中心进行技术共享，整合双方的资源，不断充实上海通用汽车未来发展的绿色科技储备。

作为上海通用汽车的工程中心和绿色产品研发基地，泛亚汽车技术中心一直坚持参与全球合作开发和自我主导开发，“两条腿走路”。通过众多成功车型的实战演练，泛亚在国内率先具备了完整的整车研发能力，并形成了国内领先的研发实力和技术创新能力。如今大受市场欢迎的上海通用汽车新一代绿色产品，无论是动力总成还是平台技术，或经泛亚调校改进，或由泛亚主导设计，体现了其对中国市场需求的把握不断深入，对全球技术资源的整合日臻成熟。凭借长期参与通用汽车新能源产品开发的积累经验，泛亚汽车技术中心目前正加紧对赛欧电动车和PHEV插电式混合动力技术的主导研发。作为上海通用汽车核心竞争力的重要组成部分，泛亚已成为上海通用汽车发展绿色产品的可靠保障。

融合全球资源的研发力量为上海通用的绿色战略提供核心支撑，而实验室里的努力又向外延伸，从各地的整车基地到全国星罗棋布的供应商、经销商，

都成为上海通用的“绿色后劲”。

在绿色产品战略的指导下，上海通用汽车旗下别克和雪佛兰的1.2—1.6L的车型，包括英朗、科鲁兹、爱唯欧、赛欧等均配备了领先同级的动力系统，在同级中以出色的动力性能和燃油经济性深受消费者喜爱，也进一步说明上海通用汽车在“更好性能、更低能耗、更少排放”的高科技绿色产品方面卓有成效。在2010年6月，国家发改委、工信部和财政部正式公告了第一批入选“节能产品惠民工程”的71款节能汽车推广目录。而凡是购买了贴有“节能产品惠民工程”绿色标志的汽车，消费者便能按政策直接享受3000元节能补贴。在这71款汽车产品中，有17款来自上海通用，包括雪佛兰新赛欧两厢、三厢全系，雪佛兰乐风乐骋1.2L，雪佛兰科鲁兹1.6MT以及别克新君威新1.6T。而在国家发改委、工信部和财政部2011年10月公布的第七批“节能汽车推广目录”中，国内12家车企的49款车型榜上有名。其中，上海通用汽车旗下共9款车型当选“节能汽车”，约占入围车型总量的18%，成为在调整后公告目录中入围车型最多的企业。

三、绿色制造

企业是节能、降耗、减排的主体，生产是构成企业完整绿色过程的主要环节。上海通用汽车把“绿色制造”作为发展“绿色产品”的坚实支撑，作为打造包括产业链两端的整个“绿色体系”的驱动主机。

在“打造绿色体系”方面，2010—2015年，上海通用汽车将继续抓好节能降耗与清洁生产，制造领域的各项环保指标将在目前行业领先的基础上再取得大的突破。至2015年，上海通用汽车金桥、烟台、沈阳三大基地平均单车能耗将达到0.3吨标准煤，与2009年相比下降29%；平均单车水耗3.65吨，比2009年下降22%；单车废水排放降低10%；中水回用量较目前提高28%，5年累计可节约用水123万吨，相当于注满650个标准游泳池的用水量。

上海通用金桥整车南厂在初期建设中，即参照了国际最严格的环保标准，是名副其实的“绿色工厂”。金桥南厂建有国内第一家达到国际环保水平的水溶漆车间，采用世界最先进的绿色环保涂装工艺，极大地降低了对环境的影响。在金桥南厂之后，东岳和北盛基地陆续引入水溶漆技术，至今上海通用所有生产基地都已经具备世界最先进的油漆工艺。

经过不懈努力，在金桥南厂的废水处理站中，一边是污浊的生产废水和污水在不断进入，经过工艺处理，一边源源不断排出透明晶亮的清水，鱼儿在其中欢快地游动。一幅“鱼翔浅底”的画面使现代工厂充满了生活情趣。

据介绍，至2012年底，上海通用汽车金桥、东岳、北盛三个生产基地平均单车能耗为0.31吨标煤/辆，与2007年相比下降35%。主要污染物排放——单车废水排放较目前降低21%，经测算到时可减少COD排放总量66吨；中水的回用量较目前提高一倍，5年累计节约用水量可达40万吨。工业废弃物的综合利用率将达到97%，较目前提高15%，其中化学品包装桶实现100%的循环使用，从根本上解决企业经济发展与环境保护之间的矛盾。

此外，公司上下全员贯彻绿色理念，“勿以善小而不为”，在生产、制造、办公各环节深挖潜力。2008—2009年，三大生产基地连同泛亚汽车技术中心落实节能减排项目78项，节电1600多万度，共节省支出5350万元人民币。

四、绿色供应服务链

上海通用汽车不仅自己“绿色制造”，还积极发挥龙头作用，将绿色理念向上下游拓展延伸，积极打造“绿色供应链”，带动和促进上下游企业共走绿色之路，分享绿色制造的成果，共创绿色产业生态系统。

无论在上海、烟台或沈阳，上海通用三大基地都是各自地区的龙头企业，周边集聚了众多零部件供应商。各个基地都根据上海通用的统一要求进行“绿色供应链”的打造，对供应商的厂房设备、生产场地、工艺过程以绿色规范进行审查，并且出人、出力，帮助供应商改进技术，促进供应商严格达成节能减排目标，合理利用资源，减少能源、原材料的消耗。

2007年，首批加入“绿色供应链”的供应商有8家，每年减少二氧化碳排放2500多吨，节约用水超过2800万加仑，共计节省资金25.45万美元。2008年，三地“绿色供应商”已有48家，上海通用汽车“绿色供应商”队伍已扩充至48家。至2010年上海通用汽车“绿色供应商”达到150家。至2011年，上海通用汽车获得WEC（世界环境中心）认证的绿色供应商已达到191家。到2015年，上海通用汽车将计划带动超过300家供应商加入绿色供应链体系，同时通过ISO 14001认证。

此外，上海通用汽车将积极拉动经销商实施节能减排。至2015年，经销商的单车能源消耗将比现在降低22%，并且所有经销商将实现“绿色销售服务店”的建设。

与此并行，上海通用大力推进绿色售后维修店的建设来打造“绿色服务链”，通过严格环保管理，在保证100%的安全处置外，不断提高汽车维修产生的废弃物的综合利用率，并在售后市场大力推广采用与新品性能一致的再制造汽车零配件，从而大大节约材料与能源。如上海通用汽车选择再制造变速箱，每1万台可以节约钢材360吨、铝材450吨，节电200万度，环保作用十分突出。

据介绍，至2012年，上海通用的汽车零部件可再使用（再制造）率、材料可循环利用率、回收率，将同步达到整车质量的95%，超过国家为2017年设定的标准。经过统计分析，再制造对原产品的材料可利用率最高可达到85%。

五、绿色责任战略

在中国节能减排、建设生态文明社会的进程中，汽车企业和其他一些工业生产与能源企业，应该肩负更多的使命。作为中国最大的汽车制造企业之一，也作为连续七年的“中国最受尊敬企业”，上海通用也应该为构建绿色和谐社会发挥更大作用。为此，上海通用汽车“绿动未来”战略，在企业一贯支持中国教育、体育、文化、慈善、赈灾、环保等社会事业的背景下，特别强调了“绿色责任”，在企业一贯履行汽车领域内的环保责任、不断作出贡献的同时，将目光投向绿色公益事业发展。

作为上海通用全方位绿色战略的重要组成部分，上海通用汽车与国家环保部下属的非营利组织机构——中国首家专门从事环境保护事业的中华环境保护基金会结成战略合作伙伴，在“绿动未来基金”下，资助与支持绿色科研产业化发展，推动国家环保事业发展。

在2008年与中华环境保护基金会合作构建“绿动未来基金”，并成功举办“绿动未来·绿色创投方案评选活动”后，2010年上海通用汽车又注资200万元，用于“高校环保科研项目支持计划”。

“绿动未来——高校环保科研应用技术支持计划”围绕节能减排这一重要工作，主要针对减少污染物排放、促进能源或资源的回收及再利用、新能源或可再生能源开发与利用、绿色汽车技术等方面的科研和开发项目提供经费资助。通过这项公益活动，对高校有实际应用意义的科研开发项目进行支持和推广，引导和促进节能减排的科学技术进步。同时，以此激励高校环保科研面向环保工作的实际需求，为建设资源节约型、环境友好型社会作出积极贡献。

据中华环保基金会介绍，“绿动未来——高校环保科研应用技术支持计划”实施一年多来，获得经费支持的23个项目均取得了不同的进展，取得了积极的成果，并体现出了可喜的实际应用效果。据不完全统计，本次支持的23个项目已申报和获得了19项发明专利，准备或发表27篇论文，这也从一个方面反映出这一计划实施的成效。

作为2010上海世博会合作伙伴集团成员单位，上海通用汽车借助世博园区唯一的汽车企业馆——上汽集团－通用汽车馆，向公众充分展现面向未来的交通解决方案和绿色汽车科技趋势。此外，上海通用汽车不仅专为世博会提供了350辆别克君越Eco-Hybrid油电混合动力出租车，还通过“零距明天”环保主题群星演唱会、“美好城市我来画”世博官方海报征集活动、橙丝带倡导低碳出行、文明行车活动、景程世博志愿者招募、红粉笔世博夏令营等等一系列公益活动，不断倡导节能环保的绿色汽车生活和绿色消费理念，体现出企业高度的社会责任感。

2011年6月15日，由上海市发改委策划并主办、上海通用汽车有限公司协办的“绿动未来　美好家园——创建低碳城区系列活动”，在上海新天地太平湖公园启动。在随后的50多天时间里，主办方通过一系列贴近上海市民、引导市民开展低碳环保生活的活动，宣传、助推上海低碳城区的建设。

在为期两个月的活动中，共有超过1600万的上海市民积极参与到零排放红色之旅、环保人力发电单车、儿童环保绘画大赛、城市农场、未来城市交通周等一系列互动性、参与性强的环保活动中。其中，共计15860人参与了“环保人力单车”活动，累计发电量达418960瓦，以新颖生动的方式让市民体验到了简单易行的节能方式；“城市农场”吸引了超过3000户市民家庭参与，有效普及了各种有机种植科学小知识。同时，还为卢湾区的5所学校赠送了100台发电单车，鼓励孩子们从小培养环保观念，将低碳环保意识渗透到日常生活中。

第二节　欧莱雅的绿色承诺

环境逐步恶化是当今世界发展面临的严峻问题，而环境保护也是人类共同的责任。今天的中国，正以其日渐脆弱的生态系统苦苦承受着巨大的人口和发展压力，保护环境已不仅仅是政府的事，更应该成为许多有社会责任感的企业、公民的共识，许多在华的外资企业已经走在了前面，成为中国的环保先锋。

作为全球最大的化妆品集团，欧莱雅凭借可持续的经营之道成就了百年的辉煌历史，并在创建之初就确立了对环境可持续发展的长期承诺。1996年底进入中国市场后，欧莱雅（中国）从产品研发、成品生产、材料包装到物流体系等企业运营的各项环节践行可持续发展理念，恪守负责任的美丽承诺。同时，在中国，欧莱雅结合企业的核心能力与优势，不断开拓战略性的公益项目，激发更多公众的环保热情，深化环保意识教育，引导环保消费观念，来推动整个社会的可持续发展。

一、责任性环境保护——绿色化工，绿色生产

“绿色生产”一直是欧莱雅可持续发展理念在业务层面的体现。2009年，欧莱雅集团发布了公司2015年环境目标，即将在2005年的基础上，努力实现温室气体排放总量、单位成品的用水量和产生的废弃物分别减少50%。欧莱雅（中国）因地制宜，重复考量公司发展需求和环境保护等方面的因素，通过内部强化员工环保生产意识和提高环保生产水平，持续改善绿色运营全部业务环节。

为了在全球范围内落实严格的环境保护和可持续发展战略，向最高的环保标准靠近，欧莱雅在集团内部设立了欧莱雅“安全、卫生与环境大奖”，奖励在环保、卫生和安全三方面取得成就的工厂。该奖项是欧莱雅集团内部在环保、卫生和安全方面的最高荣誉。通过企业文化、企业理念、企业战略和运营等方面遵循环保和可持续发展战略要求，形成环保生产、节约资源的良好氛围。

欧莱雅（中国）产品生产工厂内部随处可见由员工自己创意制作的节水节能标识和标签，经常组织形式多样的环保培训和公益活动，并提倡员工对节能

减排进行合理化建议。同时，工厂也将采纳的优秀建议列入节能技改项目中。工厂为各个部门建立了环境方面的目标，还设立了专人每天对各部门的水耗和能耗情况进行记录和分析，以便各部门进行节能节水改进。工厂顺利进行了蒸汽冷凝水热能和水的回收利用，纯水处理系统的浓水回收利用，仓库自动照明系统改造和冰机效率提高等改造项目。

化妆品行业本来就是一个对环境影响很有限的行业，但是欧莱雅对环境的保护或者环境的关注从不马虎，在工厂生产方面，其通过不断转变生产方式和使用可再生能源，提升技术工艺，进一步降低了产品研发生产对自然环境的影响。

欧莱雅坚持在其产品中增加可循环原材料的使用，每一份入选欧莱雅的原材料均须通过“可持续性评估框架”评估，这一框架包含一系列与环境影响相关的量化指标，有助于采购部门甄别更符合循环使用机制的原材料。在产品原材料的选用上，以尽量减少对环境的影响为宗旨，主动选择植物原材料来替换石油化工原材料（70%的新注册高分子都来自植物），同时采用植物性多糖分子来替换化工合成分子，直接萃取自植物的原材料比例达到55%，符合绿色化学原则的原材料比例达到45%。

在生产环节的节能减排上，欧莱雅均在减少单位成品的耗水量、单位产品的废物排放量、减少温室气体排放方面设定了明确的指标。在工厂层面，2008年欧莱雅全球工厂和仓库清洗设备用水占到总用水量的42%，位居所有生产经营活动用水量之首。欧莱雅在中国设计出一种新方法，可以过滤和循环利用设备的清洗用水，从而大大降低对水资源的消耗。欧莱雅在苏州、宜昌的工厂和浦东研发中心先后建立起专门收集雨水的池塘，通过将回收的雨水循环用于清洁卫生设施，有效降低了该部分的用水总量。不仅如此，欧莱雅还在着手开发一套新的水资源系统，对已用于清洗的废水进行再次利用。而通过这些循环利用解决方案，将帮助欧莱雅实现2015年单位成品耗水量减少50%的愿景。

1999年投产的欧莱雅苏州尚美工厂，严格贯彻全球一体化的ISO环境管理体系和集团相关环境程序，控制好每一个环境因素。在欧莱雅，废弃物的管理从源头展开，在生产车间中，每一条生产线上都摆放着四个不同颜色的垃圾箱，分别用来回收“纸类”“塑料”“泡沫”和“特殊废品”，员工被要求在第一时间把废弃物准确分类。

在产品包装方面，欧莱雅采取多项举措推进可持续包装工作，遵循可持续包装的“3R”设计原则，即尊重生物多样性、注重减材包装、采用可再生或可循环原材料，以持续降低环境影响。2011年，欧莱雅在中国市场的纸质包装86%获得了森林管理委员会（FSC）认证。对于包装原材料的纸板箱，在欧莱雅并不是一次性的使用，公司会把这些纸板箱分类保存好，在供应商下次送货来的时候会将其运回去，再次用于原材料的包装，直至评估无法使用。通常一个纸板箱可以重复使用10次以上，部分PP纸板箱甚至可以反复使用20次以上，每年减少使用近300吨的纸板箱。从2006年7月开始，尚美工厂实现了100%废料的循环利用。也就是说，所有的废料都被尚美再利用、回收或转化为新能源，并连续六年达到集团在环保上所设定的“零填埋”目标。

持续不断的环保努力为欧莱雅带来了良好的效果，截至2010年，欧莱雅中国能源消耗比2007年降低23%，用水量减少31%，并且目前平均每件包装重量缩减至0.98克。苏州尚美工厂启动了“太阳能光伏发电工程”，装机容量高达1.5兆瓦。该项目建成后，将通过太阳能发电为尚美工厂提供全年用电总量的15%，同时将使二氧化碳的年排放量减少12%。另外，欧莱雅中国2010年开始建设国内首个“企业过滤花园”，建成后将实现污泥零排放。

二、公益性环境保护，共铸绿色家园

作为全球可持续发展企业100强之一、碳减排领导者之一的欧莱雅深信：美好的东西应该传播和分享，环保更要有公众的共同参与。欧莱雅（中国）结合企业的核心能力与优势，不断开拓战略性的公益项目，激发更多公众的环保热情，在青年群体中深化环保意识教育，在公众群体中营造一种人人参与环保的氛围，呼吁大家共建美丽家园。

自2003年起，欧莱雅每年都要举办“欧莱雅杯”绿色环保行动，希望与有关部门合作，通过培养学生们的环保意识，养成良好的环保文明行为习惯。同时，通过联谊结对活动形式，充分发挥企业、学校和社区等自身优势，互助互进，积极推进环保公益事业，为当地的环保和可持续发展尽力，带动整体社区的环保建设。

“欧莱雅杯”绿色环保行动在过去的多年中，分别举办了如“防止白色污染、减少水污染、回收废旧电池”绿色环保行动，以及“保护长江、拯救白鳍豚”绿色环保行动等生动有趣的环保话题，先后有60万儿童参与其中。

2012年，欧莱雅集团在其苏州尚美工厂举办了主题为“我节约 我骄傲”的第七届欧莱雅杯绿色环保活动。此次活动作为欧莱雅可持续发展理念的一部分，通过向中国的下一代大力宣传环保和可持续发展战略的重要意义，培养他们的环保意识，使他们在日常生活中养成良好的环保节能习惯，并以此推动整个社会共同践行环保生活和可持续发展理念，共铸绿色家园。在这个主题下，学生们纷纷开动脑筋，发挥创意，共提出多条节约好点子、金点子，开幕现场他们还表演自己创作的儿歌《假如每天只有5L水》，以及利用身边废旧材料制作的环保时装展，向社会公众展示了在生活中践行环保节约资源的可能性和现实性。同时，他们还在现场向公众发出“保护太湖，保护饮用水源”的倡议，得到了公众的热情响应。

保护母亲河行动则是由共青团中央、全国绿化委员会等八部委，于1999年共同发起的一项面向青少年、动员全社会的大型生态环保公益活动。“母亲河奖”是保护母亲河行动设立的唯一奖项。2008年，欧莱雅（中国）有限公司正式与保护母亲河行动建立合作，开始赞助第四届“母亲河奖”，希望通过支持“母亲河奖”，发现更多来自于中国民间特别是青少年群体的环保力量、树立环保典型、传播环保人士的感人事迹，鼓励更多民众走上环保之路，登上环保舞台。

在欧莱雅的配合下，“母亲河奖”评选表彰活动的影响力不断扩大。“母亲河奖”评选覆盖了全国28个省、区、市，评委会共收到推荐、自荐申报材料106份，其中包括47个组织，59名个人。申报人年龄层次从“40后”跨越到“90”后，来自学校、企事业单位、政府部门乃至军队等各个社会单元。

通过欧莱雅的积极参与和传播，“母亲河奖”让环保先锋在公众面前从默默无闻变为耳熟能详，为他们的环保事业赢得了更多的社会支持。除了媒体采访等常规方式，欧莱雅还有针对性地通过网络投票、微博平台等多种新颖活泼的平台吸引大众特别是青年群体的关注和参与。在众多优秀获奖者的感召下，更多的青年群体投身环保，为中国环保事业注入可持续的动力。欧莱雅中国副总裁兰珍珍女士感慨道，“环保新生代的力量在逐年加强，很多‘90后’都已经开始采取实际行动，这证明了我们的环保教育在青年群体中所取得的成绩。欧莱雅将继续以扶持青年人才为己任，关心和支持中国的环境教育事业。”

作为对保护母亲河行动的进一步支持，2010年，欧莱雅设立了“保护母亲河欧莱雅基金”，主要用于青少年环保社团的资助和青少年绿色家园建设，为他们组织开展项目提供更加切实的帮助。欧莱雅希望利用自身的资源和影响力，通过线上、线下的整合传播平台在大众中普及环保知识、宣传低碳、环保的生活方式。欧莱雅中国承诺，至2013年将总投入约630万元人民币，用于支持保护母亲河行动。

“保护母亲河欧莱雅基金”成立一年以来，欧莱雅开展了一系列更加系统、深入、切实的活动，体现了负责任的企业公民形象和履行了持续性地回馈社区的承诺，其中包括支持长江流域11个省、区、市开展主题为“绿动长江”的“2011年长江流域青少年植树行动”；邀请网友参与“环保无界限”欧莱雅保护母亲河长江流域虚拟植树活动。

欧莱雅的可持续发展项目也赋予了集团旗下的化妆品牌更多的社会责任内涵，同时得到了各品牌的积极响应，齐心协力为环保教育事业贡献力量。为了让绿色环保的种子在年轻人的心中萌芽，并支持他们将想法付诸实践，2011年3月，欧莱雅旗下品牌卡尼尔携手全球最大的学生组织“国际经济学商学学生联合会”（AIESEC），成立了“卡尼尔绿色创想行动基金”，在40余所高中内开展为期6周的绿色环保课程，不仅教授学生绿色环保的知识，更鼓励学生将课堂上学习到的环保知识学以致用。欧莱雅旗下另一品牌碧欧泉则与中华环保基金会合作，于2011年全面启动“水动力”环保公益项目，全力支持联合国—同济大学环境与可持续发展学院的水净化研究项目，帮助改善甘肃等西部缺水地区的饮水状况，推动当地社区发展。

“我们将不遗余力的支持各项环境教育活动，期望用企业的实际行动向公众传播绿色生活方式。同时，我们鼓励员工志愿参与欧莱雅的绿色活动中，实践公司所倡导的可持续发展理念。这不仅有助于建立负责任的企业文化，也可以为社会的可持续发展助力。”欧莱雅中国总裁盖保罗表示，“作为一家为人类创造美的企业，欧莱雅将和公众一起，共同维护和创造我们美好的生活环境。”

青少年在各地开展的植绿护绿、公众环保教育、资源节约等活动已经开始占据相当重要地位。有数据显示，中国的各大高校中已经建立了700多家环保社团，这是一支强大的环保力量。他们满怀着对环保工作的热情和动力，但是也亟需资金支持和专业指导。2011年9月，学期伊始，欧莱雅独家赞助第五期全国青少年生态环保社团骨干培训班，并为来自全国31个省市的100多名高校环保社团骨干上了一堂深入、生动的“环保创业课”——“青年绿色领导力论坛”专场，希望能为青少年环保社团能力建设注入新活力，在青年群体中开展公益领导力的培养和支持活动。欧莱雅深信，今天的环保社团骨干必将成为中国未来环保事业的中坚力量。通过吸引更多的人关注大学生环保创业，从而扩大项目社会关注度，最终不仅能实现青年们的环保创业理想，还可以形成推动社会和谐发展的动力，这也是欧莱雅一直追求的环保境界。

2012年8月份，欧莱雅“青年绿色领导力论坛”在上海举行。论坛上，针对东南部地区经济高速增长以及与之伴随的人口增加、城市化进程加速，并由此为地区资源环境带来的一系列挑战，欧莱雅邀请上海市建设与交通委员会科技委委员张永刚、欧莱雅创新和研发中心及苏州尚美工厂的代表与来自东南部11个省、市的112名青少年环保社团骨干们一起探讨“绿色城市·绿色生活”。同时邀请他们参观了欧莱雅研发和创新中心，让他们近距离感受欧莱雅的环保建筑和绿色研发理念。

第三节　上海大众：追求“全过程”绿色生产

作为中国最早的轿车合资企业之一，上海大众在成立初期就制订了企业的环境方针：向社会提供一流产品的同时，以科学技术为依托，尽最大努力减少产品、活动及服务中所造成的对环境的负面影响。

上海大众引入汽车生命周期概念，从初期设计开始一直到汽车报废，全过程中坚持生态友好型技术的开发和运用。上海大众按照ISO 14001环境管理体系要求，持续改进环境管理体系，在环保治理方面摒弃“先污染，后治理”的旧模式，采取了“全过程”的污染控制方式，将汽车制造全过程中的能耗与污染问题纳入控制范围。

随着公司ISO 14001环境管理体系的推广与发展，上海大众把ISO 14001环境管理体系与公司的可持续发展理念联系起来，建立了完整的环境管理体系和管理网络，确保环境管理体系所需人力资源和专项技能、组织的基础设施，以及技术和财力资源。

2011年，上海大众各部门以ISO 14001体系为平台，以节能减排为核心目标，通过建立完善的节能减排目标考核体系，强化环保责任制，全面协调和落实节能降耗目标。在加强组织管理优化的同时，上海大众也注重技术更新，运用多项国内外先进环保技术更新和完善各项环保基础设施，改善区域环境质量，缓解区域环境总量压力。规划新建的项目中启用各类环保新工艺及动力节能新技术。公司各厂区的废水总排口安装在线监测系统，及时掌握废水排放情况，避免环境风险。历年来，上海大众按照大众集团全球统一VW 98000标准进行环境数据申报，并且在全球发布大众集团可持续报告。2012年，上海大众接受了普华永道公司对社会责任报告的审计。

一、清洁生产，循环利用

清洁生产是实现可持续发展的关键因素，是控制环境污染的有效手段，可大大降低企业末端处理的负担，取得良好的经济、社会和环境效益。上海大众组建了由能源管理责任部门负责、相关业务部门参加的能源管理工作组协调落实各项工作，制订了一系列制度：按能源品种、消耗状况、用户特性、产量变化，年度逐项分解落实降耗指标；将能源费用最大限度地分解到各职能部门预算目标上，与各部门的经济工作目标挂钩，以直观的成本考核促进节能行为，定期公布能耗情况，强化监督力度；关注主要用能部门和主要能源品种，以优化排产计划、提高生产效率、降低能源空耗为主要举措，以优化规划方案、增强前期控制、节能降耗改造为技术保障。

在实施清洁生产的基础上，上海大众充分考虑物质的循环利用。按照循环经济3R（减量、再用、循环）原则，首先减少进入生产过程的物质量，提高原材料生成产品的转化率，对废物尽可能回收循环使用。自来水系统的设计在满足全厂生产、生活用水需要的基础上，对生产中的冷却水循环利用率达到90%以上。还对蒸汽冷凝水进行回收利用，2011年全年回收量达到48.6万立方。同时，还在生产过程中考虑物质的循环利用，例如，对包装材料、金属切屑等实现100%回收利用。

新能源汽车的研究和开发是全球汽车产业发展的趋势。2006年，在国内市场尚处空白时期，上海大众开始进行以燃料电池为动力源的车型开发，为2008年北京奥组委提供了20辆Passat领驭氢燃料电池轿车。随着政府新能源政策的逐步明确，上海大众于2009年启动了电动车项目的研发工作。2010年成立了电动车专项工作小组，年内完成了Lavida朗逸电动车概念样车的研制，并在北京国际车展上进行了展示。朗逸电动车方案是在上海大众批量朗逸车平台上集成一套高压电池和永磁电机构成的电动车方案。在开发过程中，上海大众关注电机、电控和电池三大核心技术和关键系统的自主技术创新，通过这个项目基本掌握了BMS电池管理系统、动力控制系统等纯电动核心技术，初步形成了汽车电子控制系统的核心竞争力。目前，上海大众已完成电动车批量开发的规划，相关设备投资、团队建设和方案开发工作也已开始。

二、打造绿色供应链体系

如果没有一个绿色的供应链体系，绿色生产的实施就会遭遇困难。上海大众十分注重对供应链体系的管理，尽可能对供应商的环境行为施加影响。

上海大众由质量保证部牵头、供应部支持，实施供应商质量能力提升计划，组织供应商进行相关培训，并且将对供应商的培训融入到“质量月”活动中去。2012年上海大众的“质量月”以“持续夯实质量基础，不断提升质量竞争力”为主题，其中对供应商的要求为促进供应商强化产品Audit工作机制，组织零部件供应商对新版Formel-Q（第7版）进行系统性培训，并认真实施。

同时定期统计供应商体系认证（ISO14001等）情况，并敦促未认证企业制订认证计划。上海大众明确规定在制订采购计划之初，必须通过公司严格的供应商甄选评审体系，选择能与企业达成战略同盟的供应商及合作伙伴，并在日常的管理过程中，对供应商实施全过程照管，包括对供应商的过程输入、过程运行和过程输出等方面。针对批量供应商，公司还要求其在供货时，必须提供供货质量控制规范，如《产品交付检验规程》《产品质量审核规程》《产品周期型式试验规程》等，经上海大众审核批准，明确供货质量，以使供货质量完全符合上海大众的技术质量要求。

在日常管理中，上海大众除了通过定期召集供应商的企业负责人参加质量例会、对存在问题进行沟通外，还主动派出质量审核员到供应商的生产现场帮助供应商解决疑难问题。通过培训、会议沟通、现场诊断等方法，上海大众有效地帮助供应商提升研发、生产及管理能力，用领先的供应链体系给整车质量提供保障，力求达到“质量领先，合作共赢”的目标。

不仅如此，为了打造一个充满活力的供应链体系，上海大众引入了KPI机制，把综合业绩评分与供应商供货比例结合起来，用经济杠杆来制衡供应商，对供应商每年在新产品开发、质量能力审核、供货零件质量、零件价格、供货准时率、合同责任、售后服务等方面进行评分，为供应商制订明确的战略发展方向提供依据，从而构建科学优化供应链体系。

近年来上海大众处于快速发展期，各个异地工厂的建设和上海工厂的新投资项目均按照国家相关法律法规要求实施环境影响评价。2011年，上海大众被上海市环保局推荐评为环境守法绿色企业。2012年，在第三届中国企业环保“清馨奖”评选活动中，上海大众凭借先进的环保设施和全面的环保理念脱颖而出，成为唯一获得年度“清馨奖”的汽车企业。

第四节　普利司通的环境经营战略

位居世界橡胶业及轮胎业前列的株式会社普利司通，现已走过80个春秋。目前，普利司通的销售区域遍布全球150多个国家，设有47家轮胎工厂、137家轮胎关联及其他工厂，并拥有东京（日）、阿克伦（美）、罗马（意）、无锡（中）、横滨（日）五家技术开发中心。2010年集团总销售额达28616亿日元，2009年在全世界的轮胎市场占有率为16.2%，是世界上最大的轮胎制造厂家之一，其在财富世界500强的排名中稳居第289位。

自1999年在中国实现国产化以来，普利司通中国轮胎事业规模不断扩大。目前已构筑包括中国总部、4处生产据点（沈阳、天津、无锡、惠州）、1处培训中心（无锡）、2处研发机构（无锡/宜兴）在内的集生产、管理、销售、研发机能于一体的完整经营体系。

在世界各地展开事业的普利司通集团，一直将“环境保护”作为企业经营活动的最重要课题之一。2009年7月，普利司通集团在以往的环境理念基础上，制订并发布了全新的环境宣言：为了将来所有的孩子都能“安心”地生活，普利司通将以“获得社会信赖、成为引以自豪的企业”为目标，为实现可持续发展的循环型社会，推进地球环境保护、关心人们安全与健康的企业活动。

2011年6月，普利司通集团在2009年制订的环境理念基础上进行修订和提炼，推出了全新的环境宣言，明确了努力实现3个社会（自然共生社会、循环型社会以及低碳社会）的目标。新的普利司通环境宣言继续将“环境管理体制”与“环境交流”作为两大基轴，从“制造”“商品与服务”以及“社会贡献”三大领域推进环保事业的开展，并明确了“实现3个社会”的长期环保活动的方向，以公司的事业领域不断扩大为立足点，进一步强化多样性的环境经营活动。

普利司通集团设立了“全球环境委员会”，审议决定环境相关方针、目标、重要环境问题对策等，主要成员由董事、执行董事以及本部长若干人组成，董事长即社长出任委员长。“全球环境委员会”决定重要环境课题后，将通过部门会议来确定为达成目标课题需要完成的详细内容以及确认进展情况。

2010年1月，为推进制订企业环境经营战略，普利司通集团成立了环境战略企划部，同时，为应对地球变暖问题，环境战略企划部还特别设置了加强碳管理的“碳管理项目”。

另外，普利司通集团运用支持全球事业活动的GMP（全球经营平台），向各地域的环境统括管理机构指示政策方针及活动的方向性，各地域的环境统括管理机构支援管理日常事业活动的SBU（战略事业单位），而各SBU则根据方针和方向性自主地推进具体环境活动。各地域的环境统括管理机构对各SBU的环境活动以及环境相关数据进行收集并分析，而全球环境统括管理机构则对各地域的具体活动进行最终评定。同时，这些作为支持整体环境管理体制的系统，在构建“TEAMS”（Total Environment Advanced Management System）时也被灵活使用。

最大限度地减轻环境负担，是普利司通在开展产品开发以及事业发展时的基本方针，并以此在世界各地积极开展环境活动，尤其是在发展速度显著的中国市场。

一、供应链环保

普利司通（中国）投资有限公司，自成立伊始就将集团先进的环保理念引进中国，特别在工厂的建设和管理中，通过建立严格的环境保护管理规范和提高职工环保意识等措施，避免给环境造成负担。具体而言，硬件方面引进最新的综合环保设备，工业用水采用循环系统，安置脱臭装置等以降低对周边环境的影响；软件方面，采购原材料时，将“清洁、环保、低排放”作为重要的筛选条件之一，严格控制生产过程的每一个环节；垃圾采用分类处理，推进废弃物的再生利用等；在集团内率先将普利司通总社（日本）制订的“零排放”标准引入在华的轮胎生产基地，打造绿色工厂。至2010年6月末，在华的四家轮胎工厂均已实现了废弃物完全零排放。

2008年9月，普利司通中国环境委员会的召开，标志着普利司通中国轮胎事业环境管理推进组织的确立。至2011年，普利司通（中国）环境管理体制已得到不断的健全和完善。在制造领域，普利司通从产品的开发设计直至废弃的每一步过程，都努力减少温室气体排放，控制产品对环境产生的影响，创建可持续、循环型社会。

要实现制造环节即工厂零排放，首先是要对员工进行教育。认识到提高员工的环境意识及知识是实现企业环境经营的基础与前提，普利司通（中国）非常重视对公司全体员工的环境教育及环境意识启蒙活动。其中，普利司通上海总部就对旗下工厂的环境推进负责人进行了授课培训，培训内容包括环境风险诊断座谈会及工厂实演，化学物质管理研修，环境影响评价、环境体质自主评价研修，环境管理活动研修案例发表 / 内部讨论等。

其次，普利司通在采购、商品、服务、技术开发等各方面也采取了一系列环保措施。为尽量减少产品对环境产生的负荷，普利司通自原材料的采购阶段开始就非常重视采用环保应对策略，促进供应商对环境保护的理解并达成共识，积极研究更有效的绿色采购渠道。

在与供应商的合作中，普利司通要求他们遵循几个原则。第一，在原材料和资材中灵活地运用自然资源，在轮胎中将以天然橡胶和棕榈油等为原料制成的硬脂酸作为原料并广泛使用，有效地灵活运用自然资源。第二，禁止使用或削减含有害物质的原材料及外购零部件，对于环境负荷较大的化学物质，寻求代替物质，或采取对策持续削减使用量。目前普利司通（中国）已开始用新型环保油替代以往含有致癌物质的橡胶溶剂油，并在认证所有新供应商之前对其产品的有毒物质含有状况进行调查。第三，及时采集有效掌控原材料的安全数据，利用“化学品安全信息卡（MSDS）”和“ELV有毒物质非含有声明书”等形式在认证前对新认证原材料进行安全方面的调查，并且在原材料、资材中使用再生品积极地购买再生品，如再生橡胶等，提高再生品比率。第四，促进环境负荷较少的产品入库方式，尽量将橡胶等原材料的包装材质从木制托盘改为树脂和金属制品等可重复利用的材质。最后，促进与积极参与环保活动的供应商的优先交易对将化学产品交付到本公司的各供应商公司的环保措施情况进行评估，并作为采购时的参考。

自2010年起，普利司通（中国）在供应商评价体系中，已正式开始对重视节能减排并取得环保认证的供应商给予加分。

在产品方面，普利司通（中国）积极投入开发通过降低轮胎的“滚动阻力”来提高汽车燃料效率的节能轮胎。2010年5月，作为ECOPIA“绿歌伴”旗下首款引进中国并进行技术改良，实现国产化的环保旗舰商品EP100A的推出，更是给普利司通中国轮胎家族增添了一位新成员，同时也宣告了普利司通发力环保商品。到2013年，普利司通中国轿车用轮胎替换市场约90%的产品规格都将满足普利司通集团的环保自主标准，成为环保对应商品。在商用车轮胎方面，还积极开发、推广无内胎产品，并充分利用普利司通胎体优质的性能加强与旗下知名翻新品牌“奔达可”技术相结合，向中国商用车用户推荐综合解决方案。

在技术开发方面，普利司通开发汽车行走时的燃料改善技术，旗下所有工厂在实行节省能源的同时，有计划地推进实现减少工业废物计划。

早在1991年，普利司通就将一种名为Ecopia的轮胎首次应用于电动汽车。据称，这类Ecopia轮胎可提高燃料利用效率。在欧洲，大众汽车公司已将普利司通公司B381Ecopia低滚动阻力轮胎于1998年应用于“3L”车型的Lupo轿车上。Lupo轿车堪称是世界上“最为环境友好的汽车”，每行驶100km仅耗用燃料3L。

除此之外，2011年12月，普利司通首款国产兼顾安全、环保、便利性能的RFT可缺气行驶轮胎问世。RFT可缺气行驶轮胎是指在气压为0kPa的状态下也能够以一定速度行驶一定距离的轮胎。即使突然发生爆胎也不会造成车体异动，正常操控就可以安全停车，即使在高速公路等有危险的地点爆胎也不需要更换备胎，避免了二次灾害。因为可不用装备备胎，从而能通过节省能源和车辆轻量化使燃料消耗率得到提高，同时还具有提升车辆设计自由度的优势。

普利司通将RFT可缺气行驶轮胎定位为战略产品，将这一既能提高汽车安全性又能有助于减少环境负荷的产品，积极地向市场渗透和扩大。目前普利司通RFT可缺气行驶轮胎已发展至第三代，被各大整车厂商采用为高档车型的标准配套轮胎。

二、轮胎翻新

在减少废物方面，普利司通推进“奔达可”轮胎翻新事业，对废物进行充分利用。

翻新轮胎亦称再生胎，是指轮胎在一次使用寿命结束后，将其胎面橡胶（与路面接触部分）的表面部分削至规定程度，并贴上新的胎面胶进行硫化而成的轮胎。由于胎体能够重复使用，可有效节约资源，减少使用成本。

制造一条翻新轮胎所需资源仅为新胎的三分之一，所需橡胶用量仅为新胎的不到二分之一。一条轮胎在从制造至废弃的全过程中所产生的二氧化碳排放量，翻新轮胎要比新品轮胎减少165kg。（出自《1998年日本橡胶工业汇编资料》）。作为轮胎行业的领军者，普利司通很早就关注到翻新轮胎的社会价值及市场前景，并于2007年收购了全球翻新轮胎领域的第一品牌、拥有50多年历史的美国奔达可公司。有了专业的服务与技术保障，在普利司通的环保体系中，翻新事业作为再利用的重要一环在集团内部被广泛推广。

中国每年约产生2亿条废旧轮胎，且废旧轮胎的数量还在急速增加。从全球来看，因为环境保护意识的提高，二氧化碳排放量正逐步受到重视。数据显示，目前我国每年的轮胎翻新率只有7%左右，远低于世界平均率15%的水平。普利司通积极推进在华轮胎翻新事业的全面布局，于2009年初在普利司通轮胎事业中国总部正式成立“轮胎翻新开发部”，并在2010年发表了翻新事业的最新目标：普利司通计划在中国扩充翻新工厂，通过在全国范围内展开的以“普利司通卡车轮胎站”为首的销售网络，积极为商用车轮胎用户提供轮胎综合解决方案。

通过轮胎综合解决方案，向顾客提供在全球市场获得好评的普利司通高品质新品轮胎，保障更长的轮胎使用寿命以及更安全的驾驶，并与奔达可翻新技术实现完美组合。通过对普利司通轮胎胎体的重复利用，在为削减顾客的轮胎使用成本做出贡献的同时，也为削减二氧化碳排放量和资源使用量贡献力量。

目前，普利司通（中国）旗下奔达可轮胎的加盟生产基地已达到11家。根据最新的战略规划，未来五年普利司通在华翻新战略伙伴将实现3倍左右的增长，而翻新轮胎的销售能力将达到10倍左右的大幅提升。

三、绿色驾驶

除此之外，普利司通还积极在自己的客户中传递环境保护的概念。

“MAKE CARS GREEN”中文译为“绿色驾驶”，是普利司通集团旗下各地区企业与当地的汽车协会合作在全世界范围内针对普通驾驶者开展的一项环境启蒙活动。通过向驾驶者建议可以保护地球的“绿色驾驶”方式，减少汽车对环境的影响。

2008年10月，普利司通（中国）携手中国汽车运动联合会，将这一全新理念引进中国，并围绕这一主题开展了一系列环境启蒙活动。通过社内刊物、培训等渠道面向普利司通中国5000名员工进行宣传，并逐步影响到其身边的亲朋；除了借助国际车展、世博会等面向普通消费者的大型公共活动的宣传平台倡导“绿色驾驶”理念之外，通过赠阅科普说明资料、专家讲座、车主训练营等各种方式积极普及“绿色驾驶”理念。作为基本宣传工具，制作并分发归纳了《为保护环境和防止地球变暖化的10项驾驶倡议》的宣传手册。

普利司通（中国）自2008年起，利用位于江苏省宜兴市的轮胎试验场持续性开展以“道路安全”与“绿色驾驶”为主题的车主驾驶培训活动。以轮胎为着眼点，借助专业的轮胎点检设备和油耗测试仪，通过专业讲师的授课和对比试驾活动，让普通车主亲身体验到“绿色驾驶”带来的显著燃油效率改善。

普利司通也积极开展公益活动，2011年7月，普利司通（中国）与中国本土环保NGO组织——山水自然保护中心正式在青海省启动青海年保玉则社区生态保护项目。在位于四川与青海的接壤之处、青藏高原的边缘支脉，有一个名为年保玉则的区域。在这块广袤的高原湿地生态环境中，栖息着以藏鹀、雪豹和水獭等为代表的多种濒危物种。虽然政府对该地区的保护工作给予高度重视，但是由于其幅员广阔，保护区的力量相对有限，因此以社区为基础的保护行动，成为在这片生态极其重要而又美丽脆弱的地区开展低成本高效率保护的重要途径。

普利司通（中国）与山水自然保护中心共同合作的首期三年的“青海年保玉则生态保护项目”，将各自在生物多样性保护领域的理念和资源进行有效整合，通过支持当地社区制订科学和系统的保护计划和措施，支持他们对项目组织管理、宣传和自我造血能力的逐步提升，最终实现在年保玉则生态区形成政府授权的、长效的、可持续的社区保护行动能力的目标。同时，该项目在启动伊始就提出了“生态新立方”的概念，以综合的方法来应对错综复杂的生物多样性挑战，在社会公众中倡导完整的栖息地和生态系统的保护理念；政府、NGO、学术、企业跨界合作，共同支持以社区为基础的行动的保护理念；实现生态保护、文化传承和经济发展三者良性循环的保护理念。

普利司通对于环保问题，不仅局限于“保护”，更积极地开发和实现“环境恢复”和“环境改善”等新技术，并将环保活动融入到产品的企划、生产、物流至销售的各个环节。“以最高品质贡献社会”被普利司通视为自己的使命，而与环境共存——最大限度地减轻环境的负担，是普利司通产品开发和事业发展的基本方针。

第五节　巴斯夫的“责任关怀”

巴斯夫股份公司（BASF SE）是一家德国的化学公司，其在欧洲、亚洲、南北美洲的41个国家拥有超过160家全资子公司或者合资公司，2011年底该公司全球拥有雇员约111000名，是世界上最大的化工康采恩。

巴斯夫拥有来自全世界超过170个国家的客户，在众多不同领域销售超过8000种工业产品。2011年创造产值735亿欧元，实现利润约84亿欧元。

巴斯夫与大中华市场（中国内地、香港特别行政区和台湾）的渊源可以追溯到1885年，巴斯夫在中国的商贸活动最初主要是在蓬勃发展的棉布市场上销售纺织品染料。目前，巴斯夫已成为中国化工行业最大的外商投资企业之一。

自2001年至今，巴斯夫在大中华区的销售额增加了5倍。2011年，巴斯夫在大中华区的销售额超过65亿欧元，员工人数约为7770名，使中国成为仅次于德国和美国的第三大市场。

作为全球领先的化工公司，巴斯夫通过技术创新开发全新的市场机遇，并将经济成功与环境保护、社会责任相结合。其公司团队根据4个战略指导方针开展活动：获取高于资本成本的利润，建立行业最佳团队，帮助客户取得更大的成功，以及确保可持续发展。

一、可持续发展的组织保障

对于巴斯夫而言，可持续发展意味着将经济、环境保护和社会责任有机地结合起来。通过提供可持续的产品和服务，巴斯夫为自身及客户创造竞争优势。巴斯夫在公司内部创立了可持续发展部门，专门开展可持续计划的实施，其组织管理结构是既集中又分散的矩阵型结构（Matrix Organization）。

巴斯夫还在企业内部成立可持续发展理事会（Sustainability Council），理事会由九位分管职能、运营和地区业务的总裁组成，由巴斯夫全球执行董事会董事担任主席。它决定着巴斯夫可持续发展的策略以及可持续发展工具的实施，从管理层面给予引导、完善并进行有效的全球管理。

可持续发展理事会下设可持续发展中心，负责在公司的核心业务中落实可持续发展战略，协调可持续发展理事会、区域可持续发展指导委员会以及各相关部门的工作。

公司还建立了四个区域可持续发展指导委员会，覆盖北美洲、南美洲、亚洲和欧洲四个大区域，主要从战略层面整合地区可持续发展的政策以指导地区公司的运营。

巴斯夫的全球管理职责分明。作为地区可持续发展大使的地区指导委员会，根据所属不同地区经济发展情况和可持续发展的要求，分别制订符合各地区实际情况的策略，更为有效地指导区域化资源的整合与优化。

地区指导委员会相互沟通并分享区域内可持续发展的议题，在求同存异中寻找合作和发展机遇，形成区域性经济和资源一体化。

此外，通过对所属地区不同国家的了解和调研，地区指导委员会向可持续理事会引入可持续发展重要议题，有助于巴斯夫实现全球管理和经验分享。同时在各国还根据各自需要设立可持续发展管理人员或项目组。

目前巴斯夫大中华区的可持续发展指导委员会也已经成立，针对中国地区的具体环境制订相关战略和目标。该委员会围绕5个重点在中国开展可持续发展计划：首先是支持中国的教育与科研；其次是与各利益相关者保持公开透明的对话；再次是通过气候保护产品和定制服务的创新系统解决方案，帮助客户更成功；另外在中国化工行业内更广泛地推进并分享“责任关怀”、全球化学品战略（GPS）等准则与倡议的实践，助力中国化工行业的可持续发展；最后是开展可持续发展项目和倡议活动，带动更多供应链上的合作伙伴积极履行企业社会责任，推动中国的可持续发展进程。

为了实施大中华区的可持续发展战略，2005年，巴斯夫大中华区成立企业社会责任团队，将可持续发展的理念向员工、客户、公众、政府以及更多的行业推广，让越来越多的人关注并参与到保护环境的活动中来。

对巴斯夫而言，可持续发展意味着经济成功与环境保护和社会责任相互结合，这样才能保证长远的发展。因此大中华区企业社会责任团队协助业务部门优化商业模式，提供专业知识，使其向节能环保高效率的经济型模式发展，从而推动整个产业的突破和飞跃。

二、责任关怀“1+3”模式

“责任关怀”是化工行业为了不断地提高其在环保、安全与健康领域的表现而发起的一项全球行动。巴斯夫早在1992年就提出“负责的行为”这一理念。公司内部设立有责任关怀部门，根据环保、工艺安全、职业健康安全、紧急响应和社区对话、运输安全和产品监管六个责任关怀准则设立专业组负责。巴斯夫大中华区有124名专职人员负责健康、安全、环保的管理。

企业社会责任团队和“责任关怀”部门的专家通力合作，积极推广国际化工行业“责任关怀”理念在中国的实践。巴斯夫曾是国际化学品制造商协会（AICM）的主席单位，如今成为董事成员单位。多年来巴斯夫与AICM和中国石油和化学工业联合会（CPCIF）等协会密切合作，把气候保护、“责任关怀”以及全球化学品战略（GPS）等国际化工行业积极倡导的先进管理理念和体系引入和建立在中国的化工工业体系上，促进中国化工行业在环境、健康和安全方面的全面的可持续发展。

另外，巴斯夫还带动整个行业和供应链上的合作伙伴一起推行可持续发展的方案。2006年，巴斯夫依托中国可持续发展工商理事会的平台，首倡并发起了“1+3”企业社会责任项目，根据“1+3”项目模式，每个公司带动其供应链中三大业务合作伙伴，以“1家中国可持续发展工商理事会会员企业（如巴斯夫）+3个其供应链上的合作企业（供应商+客户+物流服务供应商）”的理想模式，向他们传授企业社会责任的最佳实践与量身定制的解决方案，从而推动可持续发展。

巴斯夫发动合作伙伴成为蜜蜂型企业——向各自供应链上的三类合作伙伴传播“1+3”理念，通过将可持续发展融入核心业务运营的创新方式，提升企业的竞争力。在此过程中，加强与合作伙伴的关系，支持与促进业务的开展，最终帮助其合作伙伴更成功。从2008年至2009年，巴斯夫“1+3”企业社会责任项目连续两年被联合国全球契约组织作为最佳企业社会责任案例向其他全球契约成员和所有企业传播和分享。与此同时，该项目还列入了国际化工协会联合会的《能力建设手册》并在行业内推广。迄今为止，该项目已通过中国可持续发展工商理事会的平台在国内120余家企业中传播。

继“1+3”项目成功实施后，巴斯夫作为创意人和创始伙伴之一，与商务部《WTO经济导刊》提出了“金蜜蜂”的创意。自2008年创立“金蜜蜂企业社会责任·中国榜”，截至2011年，四年以来“金蜜蜂”吸引了1200余家企业的踊跃参与，并最终有119家企业被评为“金蜜蜂企业”，另有107家企业入围。这其中有大型的国有企业和跨国公司，也有众多中小型民营企业的身影。值得一提的是，巴斯夫两轮“1+3”项目的18家合作伙伴中，目前先后5家企业凭借在各自的领域里积极践行企业社会责任的杰出表现获得了“金蜜蜂”企业的认可，并另有3家企业获得入围。

三、一体化节能

另外，自2003年起，巴斯夫开始为自己制订面向全球的环境保护和安全的目标。每年都会报告目标的完成情况。巴斯夫提前完成了2012年在气候保护领域的目标，于2008年初对目标进行更新，并制订了一个2020目标，即到2020年，每吨售出产品所产生的温室气体总量在2002年的基础上减少25%，能源效率在2002年的水平上提高25%。2010年，巴斯夫提前实现了在2020年每吨售出产品的温室气体排放量减少25%的目标。目前巴斯夫正在制订温室气体减排的新目标。

巴斯夫在2008年任命了气候保护官（Climate Protection Officer），是全球第一家设立该职位的国际性工业公司。气候保护官是巴斯夫可持续发展理事会的成员，负责统筹巴斯夫在全球范围内的所有相关事务及课题，包括产品生产和废弃过程中所产生的温室气体排放以及巴斯夫在气候保护领域的长远定位。气候保护是巴斯夫可持续发展战略的重要组成部分。除了在自身生产过程中显著降低温室气体排放外，巴斯夫还通过创新气候保护解决方案帮助客户减少二氧化碳足迹。

巴斯夫通过其气候保护产品，如保温隔热材料、燃油添加剂、水泥添加剂工业催化剂帮助客户减少碳排放，使用这类气候保护型产品所减少的二氧化碳排放量至少达到其生产、处理过程中所生产的二氧化碳量的两倍以上。这些气候保护产品占全球产品销售额的12%。巴斯夫的产品被用于建筑业、机器制造工业、交通工具以及日用品行业，不仅绿色环保，也有高效性和耐用性的特点。

巴斯夫积极推行Verbund（一体化网络）的节能理念。巴斯夫的创始人在企业初期就有一个理想：将染料的研究和生产一体化进行。各生产装置通过管道网络实现智能化连接，上一个装置的产品和余料成为下一个装置的原料，一个装置中的生产废热被用作另一个装置的能源，这不仅使化学品运输物流成本大幅降低，还可节约原材料和能源、减少排放。在巴斯夫集团总部德国路德维希港生产基地，160多套化工装置相互紧密连接，形成一个Verbund，为生产高附加值的产品提供了得天独厚的条件。

在中国，巴斯夫和中国石油化工股份有限公司共同投资在南京组建扬子石化一巴斯夫有限责任公司，这是巴斯夫全球六大Verbund之一。过去几年，在产能不断提高的情况下，整个生产基地依然保持了同等的能耗和排放的水平，超过90%的废物都得到循环再利用，98.5%的水也获得再利用，充分体现了其运营的可持续性。

巴斯夫看重提高替代能源的使用率，在位于上海浦东和台湾高雄的生产基地安装了光伏发电设备以提高替代能源的使用率。巴斯夫还采用了热电联供装置技术（CHP）生产电力和蒸汽向生产基地提供能源，燃料效率高达90%，该装置使得排放量显著降低，原材料使用量也相应下降。这一高效的能源生产方式能满足巴斯夫自身70%以上的用电需求。2010年，巴斯夫因此节约的天然能源为1200多万兆瓦时化石燃料当量，相当于减少CO_2排放250万吨。

巴斯夫将作物生物科技、工业生物技术、能源管理、纳米技术和原材料变化作为研发关注的五大增长领域。2010年巴斯夫全球研发经费约为14.9亿欧元，全球范围内参与了约1900个合作研发项目，其中在新能源领域的研发投入比重日益增加。

2008年起，巴斯夫每年发布企业碳足迹报告，成为全球第一家定期发布其生产运营过程中全面碳平衡结果的公司。碳足迹报告计算了巴斯夫所有化学产品的生产、终端产品的使用（原油与天然气）、废弃处理和运输过程中所产生的温室气体排放量，还计算了原材料、前体以及所有产品在废弃过程中所产生的温室气体。公司统计了2010年生产的近40个产品组，这些产品在客户使用过程中能帮助大量减少温室气体排放量，还根据450份关于巴斯夫产品的生态效益分析报告，重新计算了巴斯夫气候保护型产品如何帮助客户减少碳排放。巴斯夫气候保护型产品约占巴斯夫2010年销售总量的12%。最终结果显示，通过使用巴斯夫气候保护型产品，2010年巴斯夫在全球范围内共减少排放3.22亿吨二氧化碳当量（2008年为2.87亿吨），相当于德国年排放量的1/3。

除此之外，巴斯夫认为教育是整个社会实现可持续发展的基础，其把目光投向教育和专业人才的培养等社会方面，利用自身的化工专业优势，积极践行着企业在科教领域的社会责任，支持中国科教事业的发展。

1997年巴斯夫建立“中德研究发展基金”，到2010年底，投资总额超过1亿多元人民币（1100万欧元）。该基金主要用于支持其与中国的高等院校及相关科研院所之间的科研合作；主办、协办或赞助在中国召开的国际和国内高水平科学会议支持国内科研发展；以奖学金及工业讲座形式支持中国高等教育事业。目前在科研方面，该基金已支持75家中国科研机构设立163个合作研究项目，领域涵盖先进材料、纳米技术、有机合成等，而在教育方面，也一直支持举办中德交换生项目、工业讲座、工业夏令营活动以及在北京大学常设的“魅力化学”课程等。

巴斯夫鼓励公司的员工积极参与社会公益事业。从2005年8月起，巴斯夫和黄浦“智力助残”团队共同启动“爱心老师”项目，在上海市市南中学开办了“巴斯夫英语口语班”。七年来，员工志愿者利用周末为来自残疾人家庭的学生子女进行英语辅导，邀请他们参加巴斯夫的内部活动，帮助提高这些青少年的英语口语水平。截至2011年底，共有168名优秀学生获得了巴斯夫于2006年设立的“上海市残疾人基金会—巴斯夫奖学金”。

此外，巴斯夫也注重学校援建，为学生提供更安全的学习环境，在中国的合资公司扬子石化—巴斯夫有限公司也积极支持当地教育事业，公司通过多种途径积极履行企业社会责任，每年投入约100万元人民币支持当地社区和教育事业的发展。

一个可持续发展的企业意味着将经济成功，环境保护和社会责任综合考虑，从而为下一代的生活作出贡献。巴斯夫认为，一个合格的企业公民，必须是可持续的。

第八章

企业公民实践之六：企业的社会关系管理

今天的商业社会似乎已经进入了“企业公民”时代，企业热情、积极地发起、参与、执行各类公益活动，以此履行社会责任。不过，企业不妨问一下自己：积极参与公益活动是否就可以和“企业公民”划上等号呢？或者说，频繁地从事公益活动是否可以成为一种可持续的、履行社会责任的方式？

美国波士顿学院对“企业公民”的定义是：一个公司将社会基本价值和日常商业实践、运作和政策相整合的行为方式。一个合格的企业公民认为，公司的成功与社会的健康和福利密切相关，因此，它会全面考虑公司所有利益相关人的利益，包括股东、雇员、客户、社区、供应商和社会环境。一个简单的商业案例可以在一定程度上解释“企业公民”的概念：宜家家居的上海分店一度占据了新闻的焦点——被一些有组织的老年人当成免费活动的场所，宜家为了顾客利益对此采取了容忍态度，但也有人质疑由此带来的瓜子皮、餐具清洁的工作量给宜家餐厅员工造成了大量的额外负担——企业的社会责任中固然有面对公众的一面，但关怀员工同样是“企业公民”应该履行的义务。而一些上市公司则在遭受另一种质疑，比如惠普公司近年来的业绩滑坡和衰落，与过去整个公司过于对股东负责或者说由董事会掌控不无关系，因而不得不大规模裁员。

即便以上两个案例更偏商业本身，但也在某种程度上说明，企业公民是一个系统工程，即便是以履行社会责任之名，企业需要关注的对象并不只是社会上的公众，而应包括股东、员工、合作伙伴、环境、公众等多个要素，其中最核心的是人，管理这些要素在本质上就是管理社会上人和人之间的关系——每一个企业都由不同的股东、员工、合作伙伴、客户组成，他们之间的复杂程度甚至要远远超过企业和企业之间的关系。因此，如何可持续地履行社会责任，其基石就是如何管理、平衡如此复杂的社会关系，这也意味着要做到一个标准意义上的“企业公民”是难之又难的，它不仅仅是单纯地投入资源和资金进行公益活动，而是一个系统化的管理课题。

关于企业公民如何有效地进行社会关系管理，英特尔和爱普生的实践可以提供一些参考。尽管英特尔和爱普生是两家组织结构、产品、文化完全不同的企业，履行企业公民的实践也不尽相同，但依然有共同之道：将企业公民实践视为企业运行中必不可少的一部分，有效协调和组织企业内部和外部的资源，“分门别类”、系统化地针对社会关系的各个要素履行社会责任。

第一节　英特尔的“芯”公益

自2009年起，英特尔中国开展“芯世界”公益创新计划，该计划是为推动公益创新而尝试的项目，该计划联合政府、企业、基金会、公益组织和其他合作伙伴，英特尔不但投入超过500万元的资金支持，同时把自身演变成一个联结社会各个资源的枢纽，汇集跨界的各种资源，通过多种形式——奖项评选、项目资助、能力培养、志愿服务、宣传推广等活动，以提高公益组织应用信息通信技术的意识和能力。

事实上，尽管英特尔的目的在于搭建一个公益创新的平台，为公益组织的发展提供必要的资源和支持，使公益组织的观念更新、思路拓展，更好地发挥其推动中国公益事业变革的杠杆作用，缔造一个更加蓬勃的社会公益价值链，但该计划本身就是一个企业公民的创新实践。英特尔认识到，胜任一个企业公民的角色，不单单是“单方面”地寻找帮扶对象，其更重要的是整合一切可以整合的资源——毕竟每个企业都有自己擅长和不擅长的方面，就比如英特尔的优势在于技术实力和资金。

至于如何有效地整合“一切可以整合的资源”，总体而言，企业需要有系统性思维、全面性布局、长远性规划，其又有两个前提：首先，企业内部有一套完善的系统和机制，这就像好像英特尔的“芯”片在指导电子设备运转；其次，以高效、资源整合的形式（而非单纯的资金投入）“善待”你的外部资源和对象。

一、制度化是执行力的先决条件

英特尔最被人们熟知的产品是芯片，但对于英特尔公司的定义而言，最本质的描述是“计算创新领域的全球领先厂商”，同时，中国市场是英特尔的全球战略核心，英特尔本身也是中国投资最大的跨国企业之一。因此，对于英特尔中国来说，最核心的愿景就是根植于中国市场，扩展计算领域、释放计算潜能，帮助人们迎接个性化计算新时代，享受计算变革所带来的极致、安全、连贯一致的计算体验。

这是一个非常宏大的愿景，对英特尔而言，想要独立完成是一件不可能完成的任务。英特尔必须引领本地产业协同创新，建设并不断完善产业生态链，共同激发中国信息通信（ICT）产业的持续活力，从这个角度而言，基于社会关系管理的企业公民实践对英特尔有着重大的意义——其不仅仅是一个世界顶尖的公司履行社会责任的“义务”或者是维护品牌的渠道。英特尔认为：对企业社会责任进行战略性、整合性管理，融入公司经营和决策，可以有效减小风险、降低成本、保护品牌价值以及识别新的市场机会，增强公司综合价值创造能力，为包括股东在内的众多利益相关方带来明显的利益。

对此，英特尔强调：“企业社会责任一直是英特尔整体运行不可分割的一个重要组成部分，已经深植于英特尔对商业道德、经营透明度、合作和创新的坚定承诺之中。这不仅可以帮助英特尔实现长期业务价值，也为英特尔指明了如何利用自身技术与经验，造福环境和社会，为利益相关方创造共享价值。”这构成了英特尔履行社会责任的核心理念。

对企业而言，如果将社会责任纳入到融入企业经营、成为企业整体战略重要组成部分的高度，那么也意味着社会责任是一项需要精心“运营”的活动，而不是单独划给某一个部门、一笔经费的“捐款型”慈善。这就需要企业进行跨部门的协作，比如对英特尔这样的企业而言，有时对于帮扶对象在技术上的支持所收获到的效果甚至可能比投入资金大得多。

英特尔的最高权力机构——英特尔董事会，特别是公司治理与提名委员会——直接负责“企业公民”，负责处理公司整体的企业社会责任和可持续发展问题。管理审查委员会负责管理企业社会责任和可持续发展相关活动。此外，英特尔还专门设立了一个全球企业社会责任办公室作为内部业务顾问，为公司的各个事业部提供相关咨询。以此为基础，英特尔依靠众多跨职能团队，对整个公司的企业社会责任活动进行高效管理。

英特尔中国也搭建了企业社会责任管理架构。英特尔中国管理委员会负责确立企业社会责任战略，其下属部门的最高层领导均为管理委员会的成员，分别负责其所属部门的责任绩效，包括：道德与合规监督管理、企业事务管理（包括企业社会责任部门）、人力资源管理、环境健康和安全管理、工厂管理、多元化管理、供应链管理、可持续发展管理、市场与销售管理。

二、做企业公民，不能忽视企业的“基本面”

基于对企业公民和企业经营之间密不可分关系的理解，以及英特尔内部跨部门管理和协作的机制，英特尔对企业公民执行路线的定义同样和企业经营密不可分，总的执行方向包括以下几点：开发新的财务工具，评估企业社会责任因素如何创造商业价值，并将这些因素纳入到决策过程；加强开发高能效产品，以满足新用户的需求，把握市场扩展的机会；注重提高生产能效，以促进节能降耗，减少能源成本；依靠高质量培训、员工多元化和薪酬计划，以吸引并留住人才。

通过以上几点，可以看出英特尔对履行社会责任有明确的体系，在该体系中，涉及到企业与内部和外界发生联系的各个要素：包括股东、员工、客户、合作伙伴、环境和资源以及社会（社区）。

对一个企业而言，善待股东和客户相对“容易”，毕竟这是和企业经营最密不可分的环节。英特尔对此有明确目标和做法，将其分解成为四个维度：1．治理模式，保护公司长远利益，合理地配置所有者与经营者之间的权利与责任关系；2．控制方式，董事会内部的制约与平衡，董事会权责规范与成员任命规范，以及第三方审计等等；3．透明程度，对公司所有者在财务、管理、政策上保持内部透明，并保持公众透明；4．道德价值，遵守法律并拥有自己的道德观。

同时，稳定盈利的财务状况对股东利益而言至关重要。英特尔2011年第三季度财报显示：英特尔实现六个季度连续突破季度历史营收纪录，收入首次突破140亿美元。基于非公认会计准则（Non-GAAP）计算，第三季度收入为143亿美元，运营收入为51亿美元，净收入为37亿美元，每股收益为69美分。基于公认会计准则（GAAP）计算，英特尔公司第三季度的收入为142亿美元，运营收入为48亿美元，净收入为35亿美元，每股收益为65美分。

对企业而言，是否可以交出一份漂亮的财务报表，直接取决于能否善待客户，是否能为客户提供卓越的产品。英特尔在这一方面同样有四个最基本的原则：1．提供合格的产品或服务，产品或服务价格合理，企业内部建立提高产品或服务质量的制度体系；2．提供真实、充分的产品或服务信息，采用有效渠道向客户提供信息；3．对顾客满意度的评估和对顾客投诉的积极应对，建立完善的顾客满意度评估体系和顾客反馈信息体系；4．对有质量缺陷的产品主动召回并给予补偿。同时，为了更好地善待客户，英特尔还启动了客户卓越计划——客户卓越计划是一项由第三方市场研究机构设计的客户调查项目，它通过网络调查的方式获得客户对于英特尔产品和服务质量的反馈，公司会认真对待这些反馈意见，而英特尔员工每年可变薪酬的一部分也会与客户卓越计划的结果挂钩。

尽管员工的可变薪酬和客户满意度挂钩，英特尔并不盲目地认为员工应该无条件地服务于企业战略和产品计划，对英特尔而言，善待员工同样是企业履行社会责任的重要部分，这可以从两个方面得到解释——员工始终是企业和客户接触最直接的媒介；员工本身也有社会人的属性，企业善待员工就意味着承担社会责任。

对待员工方面，英特尔的原则分为五点。1. 招聘与解雇：就业机会均等，反对歧视，在符合法律和合同约定框架的情况下解聘员工。2. 薪酬与福利：薪酬制度要公平。3. 健康与安全：企业为员工提供的安全保护措施，包括具体保护方法是否得体、企业员工安全预算是否合理、特殊情况下安全补偿措施与标准、日常安全教育与培训等。4. 培训与发展：为员工进行职业规划，建立公平的晋升制度，提供特殊岗位技能培训。5. 工会：依法成立工会，为工会活动提供必要支持，保障工会参与重大问题决策，签订集体合同。

针对各个国家和地区的差异，英特尔也有意识地进行一些本土化的特色员工福利项目。比如英特尔中国大连工厂为了更好地解决员工后顾之忧，与当地多所幼儿园和学校建立起合作关系，帮助员工解决子女入托和就学问题。截至2010年，已有50余名员工子女享受到这一福利。此外，工厂还专门为员工家属搭建求职和培训平台，帮助他们在英特尔内外部寻找工作机会，并积极寻求与政府的合作，为员工提供高品质的租赁房源。

三、善待外部伙伴

在立足企业基本面的基础上，英特尔有详细的体系和计划“善待”企业的外部伙伴，不论是和企业有直接经营关系的供应商，还是环境保护、社区等看上去和企业经营并没有直接联系的对象。

英特尔视供应链为合作伙伴，对供应链上下游企业有实行公平竞争的承诺，没有对供应链上下游企业的利益榨取行为。公司在与供应链伙伴的关系处理方面有明确的规定和道德标准，要求供应链伙伴严格遵守法律法规和道德标准。同时，从组织结构而言，公司对供应链伙伴关系的价值取向受到公司最高管理层提倡和支持。公司各层职员对公司在供应链伙伴关系的价值取向有一致的认可和配合。公司提供给供应链伙伴一个直通公司最高管理层的检举方式，再辅之以流程规划衡量标准，以具体的步骤和系统来履行其对供应链上下游企业提供公平竞争的承诺。公司和供应链上下游企业之间能够通过定期的、公开的沟通来提高双方的配合程度，从而获取双赢。

英特尔将环境绩效目标纳入生产运营之中，寻求在提高能效、降低排放、节约能源以及其他领域持续改进的方法。产品碳足迹分析证明很大一部分的碳排放来自于用户使用英特尔产品的过程，因此英特尔专注于提高产品能效，开展多方合作，利用创新的方式，应用技术帮助其他行业应对可持续发展带来的挑战。作为业内少数的将环境绩效与薪酬挂钩的企业，从2008年起，英特尔从一线员工到首席执行官的所有员工薪酬的一部分，都与环境绩效相挂钩。2010年，这一绩效指标包含了运营中减少碳排放的目标、新产品能效目标的完成情况。

为奖励那些为企业减少对环境影响作出突出贡献的员工和团队，英特尔从2000年起已经颁发了11年环境卓越奖。2010年，62个获奖项目涵盖提高材料循环使用率、减少废料、减低产品和生产运营对环境的污染，以及开展生态教育项目等多方面。通过在内部推广这些员工自发的环保项目，英特尔在2010年共节约了1.36亿美元的环境成本。

同时，扎根社区、回馈社区是英特尔的企业文化之一。英特尔发挥专业技能，利用资源优势，通过提供战略捐助、能力建设、志愿活动，不断催生创新的公益理念，携手各方伙伴建立起信任、友好的合作关系，形成发展合力，努力将英特尔运营所在的社区打造成为更出色的生活和工作场所。

如前文所述，英特尔的“芯公益”计划就是回馈社会的创新公益项目之一。在第一届传播“技术推动社会创新”理念的基础上，2011年的第二届“芯世界”公益创新奖更为关注公益模式的创新，重点鼓励在技术应用、理念倡导、跨界合作、低碳环保方面具有创新模式的公益项目。活动共设置四大奖项，其中的技术应用奖、先锋倡导奖、协同合作奖，分别对应21世纪的三大技能——数字素养、创新性思维和协作能力，而第四个奖项——低碳实践奖，则希望通过寻找创新的公益实践模式来解决社区面临的环境问题。第二届“芯世界”公益创新奖共收到382个申报项目，比2010年增长53%，关注议题覆盖流动人口、儿童教育、社区生态环境、青少年发展等多个领域，得到了中国公益组织的广泛响应。共有12个公益项目凭借创新的理念、先进的技术应用、出色的协同合作及有效的低碳实践，展示了公益创新的力量，英特尔及其他基金、合作伙伴为其提供了140万元奖金以作鼓励。

第二节　爱普生：实践信赖经营

尽管是一家和英特尔来自完全不同区域、企业文化和产品相差迥异的企业，但爱普生对企业公民重要性的认知却和英特尔惊人地一致，爱普生认为：社会责任是贯穿企业经营的根本，即“信赖经营”，企业的使命是在遵守法律法规和企业伦理的基础上，与所有利益相关方建立信赖关系，成为能够被永久信赖的企业，和社会共同发展。

在爱普生看来，实践这一理念的最佳渠道就是构建一套完整的体系，并将体系转化为实际行动。

一、“守则”上的体系

对任何公司而言，实践企业公民的先决条件都是建立一个强大而有执行力的团队，而由企业高层担任团队的首席“指挥官”，则能够体现出企业对社会责任的重视，并能激发整个企业产生对履行社会责任、实践企业公民的热情和动力。

早在2004年，爱普生就意识到了这个问题，其时，爱普生成立了负责讨论集团CSR推进工作的“信赖经营（CSR）推进委员会”。此后，爱普生不断推进和强化该委员会的职责。同年7月，爱普生又成立了CSR·环境本部—CSR·地球环境推进部，明确了CSR工作的主管组织。2010年4月，爱普生将该部门更名为信赖经营推进室，使其成为负责CSR工作的专职部门，强化了推进体制。

对委员会而言，其最重要的价值在于企业社会责任履行的信息共享和推进，包括确认各个主管者遵循企业行动准则进行的事业推进情况；明确关于CSR重点风险领域以及推进的联合化；促进中长期“CSR主动战略”方案的讨论；在不干涉各个主管职能的情况下，作为总公司的工作人员，用综合的视角讨论战略并且为信赖经营推进会议制作审议方案；进行关于各主管机能的信息公开、利益相关者契约的讨论；推进SCR的共同评价以及KPI的讨论和运用。

值得注意的是，爱普生认为，即便建立起了具有高效决策权力和机制的团队，也必须将具体的行动守则落实到“书面”上，即在行动的时候有统一、明确、标准的章程依据行事。为此，爱普生在2005年制订了《企业行动准则》，该准则被细化为九条具体的行动准则：1．行动符合道德伦理并且守法；2．确保人员和企业财产的安全，充分重视所有信息的管理；3. 创造顾客价值；4. 创造安全、健康、平等的工作环境；5. 提高人才开发和组织能力；6. 构筑合作伙伴的信赖关系；7. 与利益相关者之间的诚实对话；8. 与社会共同发展；9. 保护自然环境。

可以看出，同英特尔的理念类似，爱普生所确立的九条行动准则涵盖了企业经营活动中所接触到包括内部、外部的方方面面，其履行社会责任的理念同样是基于对社会关系的管理，同时和企业的经营活动结合到一起，而爱普生将之归纳、分解、整理成九条具体的行动准则，一切和社会责任有关的行动都严格按照员工行动准则行事。同时，爱普生以一丝不苟的精神制订了相关的员工行为规范，并且保持着修订和更新，包括重申2001年制订的《员工行为规范》，以此为基础，在2006年制订《爱普生员工行为规范》，明确了每位员工应该采取的行动，在2009年，爱普生又对其进行了全面修订。

针对员工，爱普生不仅仅设定了员工行为规范，对于保护员工利益的方方面面都有着详细而全面的制度。比如从员工健康的角度而言，爱普生认为，工作安全（身体健康）固然重要，但员工心理状态的健康也尤为重要。而把关于保护员工的身心健康的行动具化成相关的条款，也是爱普生长期以来坚持不懈的目标。比如爱普生自2000年开始建立起独有的劳动安全与卫生管理体系“NESP（New EPSON Safety & Health Program）”，并在整个集团内实施。NESP活动以遵照国际劳动机构（ILO）指导方针的OSHMS（劳动安全与卫生管理体系）为基准，由“安全”“卫生”“防火·防灾”三大支柱组成，在全世界范围内展开。而2001年度制订的《健康爱普生21》是一项预防职业病和维持、增进健康的中期计划，其目标是努力增进员工身心健康、集团上下团结一致创建适宜的工作环境。在2010年，爱普生还对其进行了进一步的修订，针对“过劳的健康管理”“生活习惯病”及“心理健康”这三点，具体指明了个人及公司努力的事项。

再如产品层面，爱普生同样制订了从总则到细则、层层分解、条条落实的机制。2002年，爱普生制订了《品质理念》，为了将其渗透到全世界，特地将其翻译成14种语言。品质理念总的指导精神是：时刻从顾客的角度，最优先考虑产品和服务的品质。依靠全球爱普生每一位员工的不懈努力，自始至终贯彻品质第一的方针，全心全力创造和提供能够赢得顾客满意和信赖的产品和服务。其又被分解为七点：1. 所有的程序和业务均应以“三现主义”为行动准则（“三现主义”：现场、现物、现实，即到现场、看实物、重事实）；2. 随时随地都应迅速有效的运用PDCA循环法则〔PDCA：Plan（计划）、Do（实施）、Check（检查）、Action（改进）〕；3. 建立和完善对失败原因能够进行透彻分析，并从失败中吸取教训的规章制度和体系，以防止问题的再次发生；4. 提供“优于顾客期待的服务”，让顾客放心购买并舒心使用爱普生的产品；5. 重视顾客提出的意见和建议，并使之成为开发新产品的重要源泉；6. 越是负面和不利的信息，越要做到不堆积、不隐瞒；7. 养成认真对待每一件最平凡、最简单工作的良好习惯与风气。

二、信赖为本

在实践企业公民理念时，爱普生首先建立了一个强有力的体系，如前所述，该体系包括强而有执行力的团队，分解到方方面面、详细而又标准化的守则，而在实践这个体系，即落地的过程中，爱普生始终贯彻一个关键词：信赖。

信赖的先决条件是监督和透明。爱普生对此的理念是以不断增加企业价值为目标，并强化经营的监查机能和格守企业伦理，通过向顾客、股东、员工等利益相关者确保经营的高度透明性和稳定性，以维护信赖经营。比如针对董事会，在保障董事股东的利益同时，爱普生也在谋求如何加强董事会的内部制约和平衡、责权规范和成员的任命规范，以及第三方审计。

爱普生每月一次或根据需要随时召开董事会。董事会由9名董事构成，董事会成员的选任由“董事会成员选拔审议会”进行审议。董事会对经营的基本方针、重要业务的执行、决算等即时披露的相关事项做出决策。

此外，爱普生还设置了全体董事出席的各种经营会议，作为意向决定前进行详细审议的场所。尽管爱普生没有设立公司外部董事制度，但通过由监事出席各种经营会议，从而确保意向决定的透明性。为了保证监督和信息透明，爱普生还设有监查会，监查会采取5人制，为了提高监查独立性、透明性，其中3人是公司外部人员。另外，设置了监查室，作为对监查会业务的补充。并且，在提高监查的实效性的同时，还明确了其独立性。

爱普生公司的监查体制如下：1. 监事依据《监事监查规程》在履行职责中认为必须时，可以向董事以及员工实施询问等；2. 监事可以出席经营战略会议、经营会议等执行层面的重要会议，已形成能够获取与董事同样等级的信息并据此进行监查的环境，公司还向监事定期提交重要裁决文件；3. 设置了监事室以辅助监查业务，并配备了专门的员工，有关这些员工的人事调动以及人事评估等，将尊重监事会的意见；4. 通过监事与内部监查部门以及会计审计人之间的定期协商审议，努力提高监查的实效；5. 已形成了通过监事与董事长的定期会谈、使监事可以直接把握业务执行情况的体制。

“沟通”是爱普生信赖经营的重要手段。比如在对待客户方面，爱普生致力于采取有效渠道，向客户提供真实、充分的产品或服务信息。同时，建立完善的顾客满意度评估体系和顾客反馈信息体系，积极评估顾客满意度，积极应对顾客投诉，对有质量缺陷的产品主动召回并且给顾客补偿。

如果以上手段为“沟通”的“被动方式”，爱普生还采取了多渠道的主动与顾客沟通的方式。爱普生的员工直接前往购买了爱普生商品的顾客家中或办公室等处，在实际使用环境中听取顾客对设置情况、使用方法、程序掌握、要求希望和使用中的不便等意见。在这里得到的结果由相关人员进行分析，反映到下一机型的商品开发中去。

同时，针对一些细分的群体，爱普生也尽可能听取他们的意见，比如爱普生在公司外部人员的协助下，从老年人的角度评估、验证商品是否便于使用、是否容易理解。例如：反复多次让老年人试用开发中的喷墨打印机，验证是否便于使用，并将验证的结果反映到商品中去；另外，对于操作面板上的标记，爱普生听取了各位老年人的意见，确认是否容易看清后，将意见反映到新商品中。

“合作”“共赢”是信赖的关键一环，这意味着，公司是否能善待自己的合作伙伴。

爱普生从自己做起，将守法管理视为所有活动的前提，遵守世界各国及地区的相关法律和社会规范，持续开展集团内部教育以及基于集团内部规程的监查，从事公平自由的采购活动。而公司设立了具体的步骤和系统来履行其对供应链上下游企业提供公平竞争的承诺。公司和供应链上下游企业之间能够通过定期的、公开的沟通来提高双方的配合程度，从而获取双赢。值得一提的是，爱普生对供应链伙伴关系的价值取向受到公司最高管理层的提倡和支持。公司各层职员对公司在供应链伙伴关系的价值取向有一致的认可和配合。公司提供给供应链伙伴一个直通公司最高管理层的检举方式。

爱普生表示：“我们一直把活动的重心放在构建体系之上，但我们的意识已经到了让‘和谐发展’的活动精神更加深入，并将体系转变为实际活动的阶段。因此，我们从2009年起把主管采购的部门从原来负责经营整体的本部转移到负责强化生产力的本部，通过完善体制强化实效。我们还召开了每两个月一次的定期联络会作为现场之间交流意见的场所，在联络会中贯彻整体事项、共享信息。我们也将重审有关采购的规程与标准，使体系在现场更能发挥实效。以守法与防止舞弊的观点对采购业务人员进行教育，我们又改善了教育培训方式，从以授课为中心的学习方式改为小组演习的形式。目前，已有约14500人接受了教育。”

面对社会，打造一个有示范效应的样板项目也是构成“信赖”的重要因素，如“爱普生公益林碳汇经营示范项目”。

“爱普生公益林碳汇经营示范项目”是中国绿色碳汇基金会北京碳汇基金项目，由爱普生（中国）有限公司捐资与北京市林业碳汇工作办公室、北京林学会及北京市百望山森林公园合作实施，2011—2015年连续五年在百望山森林公园开展3.7公顷（55.5亩）的森林碳汇经营与管护、项目碳汇量的计量监测、公众碳汇科普宣传等活动。

该活动被爱普生不断赋予新的内容。和往届的“爱普生公益林碳汇经营示范项目”启动活动相比，除爱普生员工及家属进行环保植树及养护活动外，本届活动爱普生还与北京林学会合作举办科技周，健康森林、健康人生等活动开展林业碳汇知识普及宣传活动，通过发放宣传折页及问卷调查等形式，讲解林业碳汇、森林健康的知识，以提高公众对森林保护的意识，培养公众的绿色消费观念。

第九章

CEO谈CSR

第一节 让人人享用便捷实惠的移动通信服务

爱立信的愿景是构建一个人类全沟通世界。爱立信展望一个持续的演进过程，从连接60亿人向连接500亿个“物”的演进。我们预测，在即将到来的网络社会中，任何能够受益于连接的事物都将主要通过移动宽带实现连接。为此，爱立信率先在网络社会倡导技术至善。移动性与宽带将继续在社会转型期间发挥决定性作用。我们相信，未来五年，全球90%的人口将使用移动通信服务。如此庞大的用户群为我们提供了一个前所未有的机遇，来应对全球性可持续发展所带来的各种挑战。

可持续和企业责任对于爱立信的核心业务以及履行我们对于负责任的财务、环境和社会经济效益这“三重底线”的承诺至关重要。“企业责任”指的是以必要的控制手段最大限度地降低风险，并为我们的利益相关方和品牌带来积极影响，以可持续的负责任的方法为我们的公司、员工、客户、股东以及整个社会创造价值。依据商业道德标准，以负责任的态度经营企业是我们的重中之重。我们相信这种方法能够带来新的商机，提高效率，减少风险，提升品牌价值，增强我们的市场领导地位，并增加我们作为雇主的吸引力。

我们秉承“做优秀企业公民”的理念，一直积极参与所在地区的社会活动，视推动社会进步、增加公众利益为企业应尽的责任。“便捷实惠的移动通信”“能源与材料效率”“气候变化和城市化”“商业道德”“员工敬业度”是我们确定的企业公民实践的首要任务。

作为世界领先的移动通信系统设备生产商和专业电信服务提供商，爱立信郑重承诺为我们所工作和居住的社会作出应有贡献。全球教育项目“携手同窗”已在亚洲、非洲和南美的33所学校展开。超过185000名难民已在难民联合组织的手机平台上注册，无数失散家庭重新团聚。爱立信还是和平地球（Peace Earth）基金会的技术合作伙伴，该基金会在乌干达和南苏丹发起了“青年和平使者网络”项目。

作为ICT行业的领导者，我们将可持续与企业责任作为工作重点，与诸如“千年发展目标”这样的全球性计划保持一致。通过参加与“里约+20”联合国可持续发展大会有关的各项活动，以及旨在探索2015年以后的发展计划的讨论活动，我们正在积极帮助制订未来的可持续发展目标。

2012年，我们提前一年实现了原计划五年完成的碳减排目标，并制订新的减少自身经营活动碳足迹的宏伟目标。这主要归功于爱立信对产品组合进行的系统化改进、不断提升产品能效，并注重优化公司内部经营活动。我们在2012年的成果主要包括：爱立信商务旅行的碳绝对排放量减少了16%，产品运输的碳绝对排放量减少了12%。

在中国，爱立信积极参与当地社会公益事业，致力于为推动中国社会进步贡献力量。自1990年至今，爱立信已向中国公益事业累计捐赠超过两亿四千万元人民币，所支持的范围涵盖抢险赈灾、环境保护、科技进步、教育体育及社会发展等多个方面。

据爱立信最新《市场流量与数据报告》估测，到2017年，3G网络将覆盖全球85%的人口。为满足市场对经济高效网络覆盖日益增长的需求，爱立信提供一系列解决方案，其中包括：Psi Coverage解决方案，它可将功耗降低40%；AIR（天馈一体化射频单元），该系列产品也可将能耗降低40%；远郊覆盖管理服务（Managed Rural Coverage）解决方案，它将管理服务与经济高效、使用太阳能的2G、3G或LTE迷你站点解决方案捆绑起来，以连接那些无语音和数据通信覆盖的地区。

可持续与企业责任方面的领导地位为我们的企业带来了巨大价值，体现了爱立信的愿景“让人人享用便捷实惠的移动通信服务”，印证了我们137年来的发展历史，并将我们的110000名员工紧密团结在一起。

虽然很难预测我们的技术将在未来如何得到应用，但我相信，随着几十亿人开始享受网络连接带来的好处，我们将能找到新的契机去创新，从而确保我们的长期发展，并帮助我们利用ICT为全人类服务。

（爱立信总裁兼CEO　卫翰思）

第二节 因为网络，我们的能量空前强大

思科的愿景是改变人们工作、生活、娱乐以及学习的方式。企业社会责任是思科的核心价值之一，回馈社会一直是思科企业文化的重要组成部分。我们通过有责任感的商业实践以及社会投资，履行我们的企业社会责任，从而为我们的企业以及全球社区创造长期价值，最终实现可持续发展。

无论在过去还是将来，企业社会责任都是思科企业文化的支柱之一。企业和每一个人一样，都希望自己可以给这个世界带来积极的变化。将企业社会责任与企业自身的愿景融合在一起，不仅给我们工作的社区、居住的地球带来正面影响，同时也使我们的业务得到更加长足的发展。

思科的真正价值不仅在于我们所提供的产品和服务，更在于我们所提供的可能性。思科就是网络，而网络是进行创新的平台。这一理念在面对环境、社会、管理等任何问题时都同样重要。通过将这种创新精神应用于思科的企业社会责任实践，我们一直致力于开发能够帮助思科及我们的客户和合作伙伴解决社会问题、推动环境可持续发展的解决方案。

思科认为，网络的力量不仅仅来自于科技，更来自于人与人、机构与机构之间的相连，即“You + Networks = Impact”。全球各地的人们每天都有可能面临各种看似无法解决的难题，诸如疾病、落后的医疗卫生与教育条件、突如其来的自然灾害等等。也许人们会认为问题太多太大、个人的能力有限而无法顾及全部，然而思科给出的回答是：因为网络，我们的能量空前强大，我们能做到和实现的比以往更多，这就是网络化时代集体善举、集体创造和集体努力的强大优势。

思科的企业社会责任愿景“You + Networks = Impact”，体现了我们如何致力于利用网络的优势和自身的积极努力，为社会带来更多积极变化及深远影响。我们的社会投资战略以教育、医疗、经济发展、人类生活必要需求及赈灾救援为重点。通过创新的公益实践模式，我们希望在全球范围内实现突破。

哈佛商学院教授迈克尔·波特曾提出一个概念，即“共享价值”。企业社会责任应关注是否能够创造“共享价值”——既有益于社会，也有利于企业。企业社会责任是思科的核心价值之一，回馈社会一直是思科企业文化的重要组成部分。这不仅是企业应当奉为宗旨的正确之道，而且具有良好的商业意义。

今天，网络作为一个平台成为了商业、教育、政府和家庭通信不可或缺的一部分，思科的互联网技术正是这些网络的基础。网络把人与人、社区跟社区、企业跟企业有效相联，会带来一个几何级的影响力，而不仅仅是一加一等于二。思科致力于联所未连，不久的将来，人员、流程、数据以及万事万物都将与网络连接。“万物互联”为个人带来前所未有的体验，也将为全球企业以及不同行业创造出巨大商机。如果同时考虑到它能够为市民、社区和国家带来的社会福利以及消费者获益，将会看到“万物互联”在提升生活质量以及带来更丰富体验、新功能和更高经济价值方面的出色潜力。

在中国的“十二五”发展规划中，信息通信业被列为主要支柱产业之一，物联网技术和产业已被作为国家未来重大科技战略的重要组成部分。作为全球领先的网络解决方案提供商，思科一直致力于利用网络技术和解决方案，以及我们在中国市场的投入，支持中国的物联网和云计算发展，助力中国的跨越式创新和城市化进程，加强环境保护，针对教育、医疗等重点行业提供定制化的解决方案，从而促进社会和经济的可持续发展。

作为一家植根本土的国际企业，思科将继续追求企业与社会的长期和谐发展。在履行企业社会责任的同时，思科也将借助网络优势，整合爱心能量，为需要帮助的地区和人群送去更多关怀，用爱与责任开创一个更加美好的未来。

（思科全球高级副总裁，思科大中华区董事长兼CEO　陈仕炜）

第三节 企业社会责任是一种信仰

诺华是全球领先的医药健康公司，我们公司的使命是“关爱生命，呵护健康”。对人类健康而言，人与自然的和谐共处是首要前提。诺华对环境的关注，与我们的使命是密切相关的，与此同时，我们致力于通过建立一个完善的行政体系将这一理念落到实处。诺华集团内部设有“人与自然基金会”（The Man and Environment Foundation）。这个基金会将一些资源固定投入到相关领域。此外，从内部管理来看，我们还有一个全球化的职能部门，叫做健康、安全与环境（HS&E），在全球任何一个国家，只要诺华有业务运营，就有这个职能部门。作为诺华集团中国区的总裁，我也对中国本地的健康、安全与环境的执行负有管理责任。

作为一家对环境保护高度关注的企业，诺华还率先响应《京都议定书》的倡议，主动设定公司自己的减排目标：到2015年，我们的温室气体排放水平比2008年降低15%，到2020年，比2008年降低20%。为了实现这一减排目标，诺华集团在日常运营和生产中也付诸了积极的努力。首先，我们会仔细考察在日常运营中，有哪些机会可以减少温室气体排放。举个最直观的例子，诺华会检查公司租赁的车辆，看其中是否有大排放车辆，如果有的话，是否需要更换成小排放车辆。通过这一方式，就能初步计算出在车辆租赁方面，我们减少了多少温室气体排放。

其次，诺华在全球有很多生产工厂，其中仅中国就有五家。在诺华全球的生产工厂中，我们坚持采用天然气等清洁能源。在包装材料上，我们在保证满足质量要求的同时，也积极采用可再生材料。由此可见，诺华对环境保护的承诺体现在日常运营中的点滴细节里。除了在日常运营中兑现对环境保护的承诺，诺华还在不断探索：还能做什么来帮助保护环境？

为了更好地保护环境，应对气候变化，诺华集团在全球启动了三个造林项目，以吸收碳排放、抵消碳足迹。很荣幸，其中第三个造林项目选址就在中国。2010年，“诺华川西南林业碳汇、社区和生物多样性项目”在四川凉山地区正式启动。项目所在的地方处于高原，海拔3000米左右，原本拥有不错的植被覆盖，然而由于长期乱砍滥伐、缺乏保护而成为秃山，加上当地自然环境比较恶劣，降雨不足，造林存在很大困难。而通过诺华的这个项目，我们将完成约1000万株树木的种植，造林面积达到4200公顷，预计在未来30年内吸收大气中105万吨二氧化碳。同时，这个项目还能够实现增强生物多样性保护、改善社区经济生态等多方面效益。2012年3月，这一项目已经正式通过气候、社区及生物多样性联盟（Climate，Community and Biodiversity Alliance，CCBA）的CCB金牌项目认证，成为在应对气候变化、改善社区和增强生物多样性保护三方面都具有突出效益的CCB金牌项目。从这个项目中，你可以看到，诺华愿意用30多年的时间去管理和维护这样一个项目，是源于内心对企业责任的一种信仰。

作为一个行业的领先者，我们也经常会问自己，除了财务指标、盈利能力、产品的市场竞争力，还有什么是作为一个行业领导者应该彰显的？我们认为是对企业责任的担当。诺华开展的这些项目跟核心业务并不直接相关，但我相信，通过这些企业责任项目，社会将在潜移默化中加强对企业价值观的认识，加强对企业的认可，而企业也将得以成为一个受人尊敬、值得信赖的伙伴。

［诺华集团（中国区）总裁　徐海瑛］

后记

做合格的企业公民，现在已经成为越来越多的企业积极追求的目标。一个合格的企业公民，认为自己经营的成功与整个社会的健康和福祉密切相关。21世纪企业公民研究中心提出过一个模型叫“六边形企业”，意思是说，企业在社会中的角色与六个利益相关方相关联，这六个利益相关方分别是股东、员工、合作伙伴、客户、环境和社会。以前，企业在经营过程中可能只会强调一个或两个利益相关方，对其他是忽略的。现在，越来越多的事实表明，只有在以上六个利益相关方都保持利益的平衡时，企业才可能做到真正的可持续，包括环境的可持续、社会的可持续以及企业经营的可持续，达到三重盈余。

也就是说，企业要时刻算两本账。第一本账是算经济账，即企业是否创造了股东价值。第二本是社会账，对于所在的社会，你到底贡献了多大的价值？企业要意识到，社会是需要反哺的，如果社会环境极其恶劣，企业的经营活动也就无法持续。

与此同时，21世纪企业公民研究中心还提出了“蜜蜂型企业”的概念。蜜蜂在自然界里面，首先为自身的生存而辛勤工作，它为自己采蜜，身上沾满了蜜，为花朵传递花粉，它在追求私人价值的同时也在创造公共价值，这个过程是同时发生的。既创造私人价值也创造公共价值，让自己所处的环境可持续，从而保证自己经营的可持续，这样的企业，可以称之为“蜜蜂型企业”，也可以称为“企业公民”。

做企业就是做企业公民，做企业公民就是做好企业。在当下的商业环境中，企业已经不再是一个自给自足的主体，而是不可避免地进入到一个社会生态系统之中。企业的行为，以及这种行为产生的结果，都会受到这个社会生态系统的制约和影响。一个优秀的企业公民，能够敏锐地发现这个复杂的生态系统中存在的一些看似悖论性的问题，并有能力以创新的方式来解决这个问题，从而产生社会和经济两方面的共享价值，这就是企业公民的新思维。本白皮书中提供的众多案例，都可以说明这一点。

从2003年开始，21世纪报系就致力于企业公民理念在中国的传播，通过新闻报道、沙龙、研讨会、评奖等多种方式，将企业公民的前沿理论和最佳实践传达给中国的企业界。十年后的今天，企业公民的理念已经被越来越多的中国企业所接受。争做良好的企业公民，已经成为很多企业孜孜以求的目标。

这本书的出版，得益于多位作者的智慧和劳动，在此向大家一并致谢。